www.ingramcontent.com/pod-product-compliance
Lightning Source LLC
LaVergne TN
LVHW050751051026
849532LV00008B/2838
* 9 7 8 9 3 6 9 0 8 2 4 1 4 *

حیدرآباد دکن:

ایک مطالعہ

(علمی و تحقیقی مضامین)

مرتبہ:

مکرم نیاز

Hyderabad Deccan: aik Mutale'a (Essays)

by: Mukarram Niyaz

Edition: January '2026

Publisher :

Taemeer Publications LLC (Michigan, USA / Hyderabad, India)

ISBN 978-93-6908-241-4

کتاب	:	**حیدرآباد دکن : ایک مطالعہ**
مرتب	:	**مکرم نیاز**
بہ تعاون	:	سیاست ڈاٹ کام ویب سائٹ
صنف	:	تحقیق و تنقید
ناشر	:	تعمیر پبلی کیشنز (حیدرآباد، انڈیا)
سالِ اشاعت	:	۲۰۲۶ء
صفحات	:	۸۸
سرورق ڈیزائن	:	تعمیر ویب ڈیزائن

فہرست

پیش لفظ

حیدرآباد دکن برصغیر کی تاریخ، تہذیب اور روحانیت کا وہ درخشاں باب ہے جس میں مختلف نسلوں، زبانوں، سلطنتوں اور مذاہب کے رنگ اس طرح گھل مل گئے ہیں کہ ایک منفرد اور ہم آہنگ تمدن نے جنم لیا۔ قدیم دکن کی دراوڑی تہذیب ہو یا عرب و ایرانی قافلوں کی آمد، بہمنی و قطب شاہی حکمرانوں کے دربار ہوں یا آصف جاہی سلاطین کی فیّاض سرپرستی، ہر دور نے اس شہر کو نئی آنچ، نیا ذائقہ اور نئی شان بخشی۔ یہاں خانقاہوں، درگاہوں اور مندروں کی گھنٹیوں کے ساتھ مساجد کے مینار بھی صدیوں سے ایک دوسرے کے ہم نوا رہے، بازاروں میں گونجتی ہوئی بولیوں، مصالحوں کی مہک، چاندنی میں نہاتے ہوئے میناروں اور چوباروں پر سے اٹھتی ہوئی اذانوں اور گھنٹیوں کی آمیزش نے حیدرآباد کو ایک ایسی تہذیبی بستی بنایا جہاں رواداری، وضع داری، نرم گفتاری اور احترامِ انسان بنیادی اقدار شمار ہوتے رہے۔ اسی فضا میں اردو نے نہ صرف ایک روزمرہ بولی کی صورت میں جنم لیا بلکہ شعری و نثری ادب کا ایسا مرکز بھی بنا جس نے پورے برصغیر کے ذہنوں کو روشنی دی۔ دکن کے ابتدائی صوفیاء سے لے کر قطب شاہی شعرا اور آصف جاہی دور کے ادیبوں تک، حیدرآباد کی شناخت ہمیشہ کتاب، کتب خانے، تعلیمی ادارے، ادبی محفلیں اور علمی مجالس رہی ہے۔ اسی تہذیبی پس منظر میں یہ شہر صرف ایک جغرافیائی اکائی نہیں بلکہ ایک تاریخی تجربہ، ایک زندہ روایت اور ایک ایسا

فکری سرمایہ ہے جسے سمجھنا درحقیقت پورے جنوبی ہند کے ذہنی نقشے کو سمجھنے کے مترادف ہے۔ آج جب تیز رفتار شہری زندگی بہت سی یادوں اور روایات کو دھندلا رہی ہے، حیدرآباد دکن کے ماضی اور حال کا سنجیدہ مطالعہ ہمیں اس شہر کی باطنی روح سے دوبارہ جوڑتا اور ہمیں یاد دلاتا ہے کہ تہذیبیں عمارتوں اور سڑکوں سے زیادہ انسانی کردار، اجتماعی اداروں اور فکری رویّوں سے تعمیر ہوتی ہیں۔

اس کتاب "حیدرآباد دکن: ایک مطالعہ" میں شامل گیارہ مضامین اسی تہذیبی اور تاریخی سفر کے مختلف پڑاؤ کو روشن کرتے ہیں۔ پہلے مضمون میں علامہ اقبال کے حیدرآباد سے ربط، نظامیہ دربار کے ساتھ ان کے تعلق، مہاراجہ کشن پرشاد اور دیگر مقتدر شخصیات کے ساتھ ملاقاتوں اور انہی روابط کی روشنی میں اقبال کے علمی و سیاسی افق پر حیدرآباد کے اثرات کا جائزہ پیش کیا گیا ہے۔ دوسرے مضمون میں ریاستِ حیدرآباد کی رواداری، سیکولر کردار اور بیرونی اداروں، تعلیمی تنظیموں اور رفاہی انجمنوں کو دی جانے والی فیّاضانہ امداد کے ذریعے اس ریاست کے کشادہ ظرف مزاج کو مستند سرکاری دستاویزات کی روشنی میں واضح کیا گیا ہے۔ تیسرے مضمون میں عدلیہ کو انتظامیہ سے الگ کرنے کے تاریخی فیصلے، اس اسکیم کی کامیابی اور اس کے ہندوستانی عدالتی نظام پر پڑنے والے اثرات کو مرزا فرحت اللہ بیگ اور دیگر معاصر گواہیوں کے حوالے سے بیان کیا گیا ہے۔

چوتھا مضمون حیدرآباد کے شعری منظرنامے کی پوری تاریخ کو دکنی مثنویوں، قطب شاہی شعراء، دبستانِ فیض و داغ اور بیسویں صدی کی جدیدیت تک ایک مسلسل ربط کے ساتھ سامنے لاتا ہے۔ پانچویں مضمون میں ادبی صحافت میں حیدرآبادی خواتین کے

کردار، ان کے زیرِ ادارت رسائل، اداریہ نگاری اور اردو زبان کے دفاع میں ان کی سرگرمیوں کو تفصیل سے دکھایا گیا ہے۔ چھٹے مضمون میں آصف جاہی دور کی سماجی اصلاحات—رشوت ستانی کے سدباب، بیگار کی موقوفی، بیواؤں کے حقوق، عوامی اخلاقیات اور جانوروں کے تماشوں کی ممانعت—کو سرکاری فرامین اور قواعد کے ساتھ بیان کیا گیا ہے۔ ساتواں مضمون مولانا عبد الماجد دریابادی کی نظر سے حیدرآباد کے اہم اداروں اور کتب خانوں، خصوصاً ادارہ ادبیات اردو، دائرۃ المعارف، سالار جنگ لائبریری اور مجلس تعمیر ملت کی علمی خدمات کا مرقع پیش کرتا ہے۔ آٹھواں مضمون حیدرآبادی خواتین کے وسیع تعلیمی، سماجی، سیاسی اور ادبی کردار کی دلنشیں تصویریں کھینچتا ہے اور دکنی تہذیب میں ان کی خاموش لیکن فیصلہ کن شرکت کو نمایاں کرتا ہے۔ بعد کے مضامین میں دکنی تہذیب کے روزمرہ آداب، بول چال، گھریلو تربیت، باہمی احترام، ہندو مسلم ہم آہنگی، اہلِ اقتدار کی وسیع النظری اور حیدرآباد کے شہری کلچر کے لطیف رنگوں کو جزئیات کے ساتھ محفوظ کیا گیا ہے۔

یوں یہ کتاب تاریخ، معاشرت، ادب، صحافت اور تہذیب کے متنوع زاویوں کو یکجا کرکے حیدرآباد دکن کی ایک جامع اور زندہ تصویر سامنے لاتی ہے، جسے پڑھ کر قاری نہ صرف ماضی کی خوشبو محسوس کرتا ہے بلکہ حال اور مستقبل کے لئے بھی رہنمائی حاصل کر سکتا ہے۔

۱

اقبال اور ریاست حیدرآباد

ڈاکٹر بی رگھوتم راؤ دیسائی

علامہ اقبال کے لئے ۱۹۰۸ کے بعد کا زمانہ بے حد کشمکش کا تھا۔ معلمی اور وکالت دو پیشوں کی ذمہ داریاں نبھانے اور سخت محنت کرنے کے باوجود آمدنی ان کی ضروریات کو ناکافی تھی۔ اب تک بڑے بھائی شیخ عطا محمد نے (جو اقبال سے اٹھارہ سال بڑے تھے) ان کی مدد کی تھی۔ اب انہیں خود مدد کی ضرورت تھی۔ اقبال ان کی ذمہ داریوں میں شریک ہونا چاہتے تھے، اس لئے وہ بہتر وسیلۂ معاش کی فکر میں تھے۔

نظام حیدرآباد کی فیاضی اور بلند حوصلگی کے قصے انہوں نے سن رکھے تھے۔ اس لئے حیدرآباد جانے کا ارادہ کیا، گورنمنٹ کالج لاہور سے دس روز کی رخصت لی اور مارچ ۱۹۱۰ء میں حیدرآباد پہنچ گئے۔ اس وقت میر محبوب علی خان (آصف جاہ سادس) حیدرآباد کے فرماں روا تھے۔ یہ داغ دہلوی کے شاگرد اور اس رشتے سے اقبال کے "استاد بھائی" تھے۔ اقبال ۱۸۹۴ء کے آس پاس داغؔ کے حلقہ تلامذہ میں شامل ہو چکے تھے۔ داغؔ نے حیدرآباد میں اصلاح سخن کا دفتر قائم کر رکھا تھا، جس کا

باقاعدہ عملہ تھا اور ڈاک سے موصول ہونے والی غزلیں اصلاح دے کر واپس بھیجی جاتی تھیں۔ اقبال نے دوری کے باوجود داغؔ سے فیض اٹھایا اور ۱۸۹۲ء میں انہوں نے اس رشتے کا فخر کے ساتھ ذکر کیا تھا۔ "مجھے بھی فخر ہے شاگردی داغ سخنداں کا"۔ ممکن ہے اقبال آصف جاہ سادس سے کسی غیر معمولی سلوک و نوازش کی توقع رکھتے ہوں۔ لیکن ان کے دربار تک رسائی نہ ہو سکی۔ نواب نے عجب مزاج پایا تھا۔ جس پر مہربان ہوتے اسے ساری زندگی کے لئے فکر معاش سے بے نیاز کر دیتے، خفا ہو جاتے تو ذرا دیر میں ملک بدر کرا دیتے! ان تک رسائی آسان بات نہ تھی۔ بڑے بڑے صاحب کمال برسوں ملاقات کی امیدواری کر کے حیدرآباد سے ناکام لوٹ گئے۔

حیدرآباد میں کئی مقتدر ہستیوں سے اقبال کی ملاقات رہی۔ یہاں وہ سر اکبر حیدری کے مہمان تھے۔ ان کی مہمان نوازی کا ذکر ہمیشہ بڑی احسان مندی کے ساتھ کرتے تھے۔ حیدرآباد میں نظم طباطبائی، جلیل مانک پوری اور ظہیر دہلوی سے ملاقات ہوئی اور ان کی زبان سے شعر سننے کا موقع ملا۔ مہاراجا سر کشن پرشاد شادؔ ریاست کے وزیر اعظم تھے، جن کا راجا ٹوڈر مل کی نسل سے تعلق تھا۔ بہت بڑی جاگیر کے مالک تھے مگر درویشانہ مزاج پایا تھا۔ صوفی تھے اور مسلک یہ تھا کہ "میں ہوں ہندو، میں ہوں مسلمان"۔ مسجد میں نماز پڑھتے اور مندر میں قشقہ لگاتے تھے۔ چار بیویاں مسلمان اور تین ہندو تھیں، مسلمان بیویوں کی اولاد مسلمان اور ہندو بیویوں کی اولاد ہندو تھی۔ اقبال کے ساتھ مہاراجہ بڑی شفقت سے پیش آئے اور انہیں ہمیشہ کے لئے اپنا گرویدہ کر لیا۔

حیدرآباد میں اقبال کے مستقل قیام کی کوئی صورت پیدا نہ ہو سکی۔ معمولی ملازمت انہیں قبول نہ تھی۔ درس و تدریس کے مشغلے سے وہ اکتا گئے تھے۔ ان کی خواہش تھی کہ والی ریاست ان کے تفصیلی منصوبوں سے واقف ہوں اور ان کی سرپرستی کریں مگر یہ سب نہ ہو سکا اور اقبال واپس لاہور چلے گئے۔

اسی سال مہاراجہ سر کرشن پرشاد لاہور پہنچے۔ اقبال نے ان کا خیر مقدم کیا اور جب تک ان کا قیام رہا بیشتر وقت ان کے ساتھ گزارا۔ حیدرآباد واپس پہنچ کر انہوں نے اقبال کو معقول وظیفے کی پیشکش کی مگر اقبال نے قبول نہ کیا۔۔ عذر یہ کہ "مروت اور دیانت سے دور ہے کہ اقبال آپ سے ایک بیش قرار تنخواہ پائے اور اس کے عوض میں کوئی ایسی خدمت نہ کرے جس کی اہمیت بقدر اس مشاہرے کے ہو"۔

چار سال بعد یعنی ۱۹۱۷ میں ایک ایسی صورت نکلی کہ اقبال ریاست حیدرآباد سے وابستہ ہو سکیں۔ وہاں ہائی کورٹ کے جج کی جگہ خالی ہوئی، اخبارات میں قیاس آرائیاں ہوئیں کہ یہ منصب شاید اقبال کو سونپا جائے۔ یہ بھی پتہ چلا کہ جو نام نظام کے زیر غور ہیں ان میں ایک نام اقبال کا بھی ہے۔ اقبال اس کے خواہشمند بھی تھے۔ اس سلسلے میں اقبال نے مہاراجہ کشن پرشاد کو خط بھی لکھا مگر بات آگے نہ بڑھی۔ اب زمام اختیار سر اکبر حیدری کے ہاتھ میں تھی۔ انہوں نے اقبال کو قانون کی پروفیسر شپ پیش کی۔ حیدرآباد میں یونیورسٹی کا قیام زیر غور تھا، اس لئے اکبر حیدری اقبال کی حیدرآباد میں موجودگی کو مفید خیال کرتے تھے مگر اقبال نے معذرت کر دی اور وکالت کی محدود آمدنی میں ہی گزر بسر کرتے رہے۔

غالباً ۱۹۲۸ء میں بحیثیت کونسل ممبر اقبال کو جنوبی ہند کا دورہ کرنے کا موقع ملا۔ یہ سفر مذہبی اور علمی نوعیت کا تھا مگر اس کے سیاسی پہلو کو بھی نظر انداز نہیں کیا جاسکتا کیونکہ اب عوام میں ان کی حیثیت مسلمانوں کے سیاسی رہنما کی تھی۔ مدراس کی کئی انجمنوں نے اقبال کے اعزاز میں جلسے کئے اور سپاس نامے پیش کئے۔ مدراس کے بعد بنگلور اور شہر میسور میں اقبال کا شاندار خیر مقدم کیا گیا۔ ریاست میسور کے بعد اقبال حیدرآباد پہنچے۔ حیدرآباد کے اسٹیشن پر ان کا زبردست استقبال ہوا۔ اسٹیشن پر اقبال کے مداحوں کا ایک ہجوم ان کے خیر مقدم کو موجود تھا، اس موقع پر عثمانیہ یونیورسٹی کے اراکین اور سرکاری افسران بھی حاضر تھے۔ مہاراجہ سر کشن پرشاد نے ان کی تشریف آوری کی تقریب میں ایک مشاعرے کا اہتمام کیا۔ میسور کی طرح یہاں بھی وہ ریاست کے مہمان رہے۔ حیدرآباد کے دوران قیام نواب میر عثمان علی خان (آصف جاہ سادس) سے بھی ملاقات ہوئی۔

ہندوستان اور یوروپ میں اقبال کی شہرت کو دیکھتے ہوئے حکومت برطانیہ نے جنوری ۱۹۲۳ میں انہیں "سر" کا خطاب عطا کیا۔ اقبال کے قدردانوں نے اس پر مسرت کا اظہار کیا۔ اس قدر افزائی پر اقبال کو مبارکباد دینے کے لئے اہل لاہور نے جہانگیر کے مقبرے میں ایک جلسے کا اہتمام کیا، جس میں پنجاب کے معزز اشخاص نے شرکت کی۔ شرکاء میں انگریز افسران اور پنجاب کے انگریز گورنر بھی شامل تھے۔ اقبال کو جب "سر" کا خطاب دیا جانے لگا تو انہوں نے شرط رکھی کہ پہلے ان کے استاد شاہ صاحب (یعنی سید میر حسن) کو "شمس العلماء" کا خطاب دیا جائے۔ اس پر گورنر نے ان کی تصانیف کے نام دریافت کئے۔ اقبال نے جواب دیا کہ "ان کی

زندہ تصنیف میں خود ہوں"۔ آخر کار حکومت کو یہ شرط منظور کرنی پڑی !

ملک کی یونیورسٹیوں نے بھی اقبال کی علمی، ادبی، تدریسی اور تعلیمی خدمات کا اعتراف کیا۔ چنانچہ علی گڑھ مسلم یونیورسٹی نے ۱۹۲۹ میں، پنجاب یونیورسٹی نے ۱۹۳۳ میں، آلہ آباد یونیورسٹی اور عثمانیہ یونیورسٹی نے ۱۹۳۷ میں انہیں ڈی لٹ کی اعزازی ڈگریاں تفویض کیں۔

سر راس مسعود اقبال سے تعلق خاطر رکھتے تھے اور ان کی مالی پریشانیوں سے پوری طرح آگاہ تھے۔ ان کی کوشش سے نواب بھوپال نے اقبال کے لئے ۱۹۳۵ء میں پانچ سو روپے ماہانہ کا تاحیات وظیفہ مقرر کر دیا تاکہ یک سو ہو کر قرآن کریم پر ایک کتاب لکھ سکیں۔ سر راس مسعود چاہتے تھے کہ نواب حیدرآباد، نواب بھاولپور اور سر آغا خان بھی اقبال کے لئے وظیفہ مقرر کریں۔ اقبال کو پتہ چلا تو انہوں نے سر راس مسعود کو لکھا کہ "نواب بھوپال کی طرف سے وظیفے کی جو رقم مقرر ہوئی ہے وہ میرے لئے کافی ہے۔ میں امیرانہ زندگی کا عادی نہیں۔ ضرورت سے زیادہ کی ہوس کرنا روپے کی لالچ ہے جو مسلمان کے شایان شان نہیں"۔

گول میز کانفرنس، اٹلی، اسپین اور افغانستان کے دوروں کے بعد آخری چار سال اقبال نے بیماری کی حالت میں گزارے۔ اقبال کے والد شیخ نور محمد نے ۸۱ برس کی طویل عمر پائی۔ انہوں نے اقبال کی وفات سے صرف آٹھ سال پہلے (۱۷ اگست ۱۹۳۰) انتقال کیا۔ شیخ عطا محمد جو عمر میں اقبال سے ۱۸ برس بڑے تھے اقبال کے دو سال بعد تک حیات رہے۔ اقبال نے صرف اُنسٹھ سال کی عمر پائی۔۔۔ اس مختصر زندگی کے آخری چار سال شدید علالت میں گزرے اور ۲۱ اپریل ۱۹۳۸ کا سورج

طلوع ہوا تو اردو شاعری کا ایک آفتاب غروب ہو چکا تھا اور قوم ایک مخلص مدبر و رہنما سے محروم ہو چکی تھی۔ بیماری کے دوران یعنی جنوری ۱۹۳۸ میں ریاست حیدرآباد کی طرف سے اقبال کو ایک ہزار روپئے کا چیک موصول ہوا۔ سر اکبری حیدری کے دفتر کی طرف سے ایک خط بھی منسلک تھا جس میں یہ اشارہ تھا کہ یہ امداد سر اکبر حیدری کی کوشش سے منظور ہوئی ہے۔ اس سے اقبال کے جذبہ خودداری کو ٹھیس لگی۔ انہوں نے چیک لوٹاتے ہوئے لکھا

غیرتِ فقر مگر کر نہ سکی اس کو قبول
جب کہا اس نے یہ ہے میری خدائی کی زکات

***

۲

ریاست حیدرآباد کی رواداری اور سیکولر کردار

ڈاکٹر سید داؤد اشرف

مرہٹہ حکمراں اور اہم تاریخی شخصیت شیواجی کے نام سے منسوب اداروں کی سابق ریاست حیدرآباد کی جانب سے امداد ایک چونکا دینے والی بات معلوم ہوتی ہے لیکن یہ حقیقت ہے کہ ریاست حیدرآباد نے اپنی رواداری اور وسیع النظری کا مظاہرہ کرتے ہوئے نہ صرف یہ کہ شیواجی ہائی اسکول کیلئے امداد منظور کی بلکہ شیواجی ملٹری اسکول کیلئے امداد کی منظوری میں بھی پس و پیش نہیں کیا۔ اس سے ریاست حیدرآباد اور خاص کر اُس کے حکمراں میر عثمان علی خان آصف سابع کی کشادہ قلبی کا اظہار ہوتا ہے۔ کسی تعصب یا کسی تحفظ ذہنی کو اس ریاست اور اُس کے حکمراں نے اپنے پاس پھٹکنے نہ دیا۔ اس کے علاوہ دیگر بیرونی اداروں کو بھی ان کی تہذیبی اہمیت، افادیت اور دوسری لائق قدر و منزلت وابستگیوں کا خیال کرتے ہوئے امداد منظور کی گئی۔ شہرہ آفاق شاعر، ماہر تعلیم اور سماجی مصلح رابندر ناتھ ٹیگور کے نام سے قائم کردہ میموریل فنڈ کے عطئے کی منظوری کے علاوہ آصف سابع نے گرودیو ٹیگور کیلئے اچھے اور پسندیدہ خیالات کا اظہار کیا۔

اس مضمون میں شیواجی کے نام سے اسکولوں کے علاوہ چند اور بیرونی اداروں کو ریاست حیدرآباد کی جانب سے مالی امداد دینے کیلئے سلسلے میں جو سرکاری کار روائیاں ہوئی تھیں ان کی تفصیلات ذیل میں پیش کی جارہی ہیں۔ صدرالمہام (وزیر) فینانس سر اکبر حیدری نے کاظم جنگ کے نام اپنے مکتوب مورخہ ۸ مئی ۱۹۳۴ء کے ساتھ بمبئی کے ایچ او ایچ (Help our Hospitals) فنڈ کو عطیہ دینے کے بارے میں کابینہ کے اراکین کی رائے منسلک کرتے ہوئے لکھا کہ اس حقیقت کے پیش نظر یہ عطیہ دینا ضروری ہے کہ بمبئی میں ریاست کی اہم جائیدادیں موجود ہیں اور ریاست کے عوام بمبئی میں دواخانوں میں مہیا کی جانے والی سہولتوں سے استفادہ کرتے ہیں۔ خصوصیت کے ساتھ حج کے موقع پر یہ ایسا معاملہ ہے جس کی عاجلانہ یکسوئی ضروری ہے۔ کیونکہ اطلاع ملی ہے کہ فنڈ جلد ہی بند ہونے والا ہے۔ اس لئے ہمارا عطیہ فنڈ کے بند ہونے سے قبل پہونچ جانا چاہئے۔ اس فنڈ میں عطئے کی تجاویز کے بارے میں سر اکبر نے لکھا کہ انہوں نے کم از کم تین ہزار اور زیادہ سے زیادہ پانچ ہزار روپئے کے عطئے کی تجویز پیش کی ہے۔ مہدی یار جنگ نے پانچ ہزار اور سر رجرڈ ٹرنچ نے تین تا پانچ روپئے کے عطئے کی سفارش کی ہے۔ جس سے عقیل جنگ نے اتفاق کیا ہے۔ انہوں نے مکتوب کے آخر میں لکھا کہ اگر ہز اگزالٹیڈ ہائنس سفارش کردہ رقموں کا اوسط یعنی چار ہزار روپئے منظور فرمائیں تو یہ رقم بذریعہ تار منی آرڈر روانہ کی جاسکتی ہے۔ آصف سابع کے پیشی کے دفتر سے کاظم یار جنگ نے دوسرے ہی روز سر اکبر حیدری کو اپنے مکتوب کے ذریعہ اطلاع دی کہ اُن کا (سر اکبر حیدری) مکتوب آصف سابع کے ملاحظے میں پیش کیا گیا تھا جس پر انہوں نے

ایچ او ایچ فنڈ بمبئی کیلئے چار ہزار روپئے منظور کرنے پر رضامندی ظاہر کی ہے۔ اس بارے میں عنقریب فرمان جاری ہو گا۔ اس سلسلے میں آصف سابع کا فرمان مورخہ ۲۹ محرم ۱۳۵۳ھ ۱۴ مئی ۱۹۳۴ صادر ہوا جس میں ایچ او ایچ فنڈ کیلئے چار ہزار روپئے کلدار یکمشت ارسال کرنے کا حکم دیا گیا۔

مہاراجا کولہاپور نے شیواجی ملٹری اسکول پونا کی امداد کی نسبت آصف سابع کے نام اپنے مکتوب مورخہ ۲۷ ڈسمبر ۱۹۳۵ء میں لکھا کہ وہ شری شیواجی میموریل کمیٹی کے صدر نشین ہیں۔ کمیٹی نے شیواجی کے نام کو دائمی بنانے کیلئے پونا میں شیواجی ملٹری اسکول کھولا ہے۔ جس کا سنگ بنیاد پرنس آف ویلز نے رکھا جبکہ وہ ہندوستان کے دورے پر تشریف لائے تھے۔ کرنل ایم سی کوٹ Col M.C.Coote اس اسکول کے پرنسپل ہیں اور وہ عنقریب کمیٹی کی جانب سے ملک کے چند ممتاز والیان ریاست کے پاس اس ادارے کو عطیہ دینے کیلئے درخواستیں روانہ کرنے والے ہیں۔ مہاراجا نے اس مکتوب میں آصف سابع سے استدعا کی کہ وہ اس ملٹری اسکول کیلئے شایان شان عطیہ منظور فرمائیں۔ عطئے کی درخواست کے ساتھ مہاراجا نے لکھا کہ ریاست حیدرآباد کی رعایا عنقریب اُن کی (آصف سابع) جوبلی منانے والی ہے اور وہ سمجھتے ہیں کہ جوبلی کا مبارک دن یور اگزیٹیڈ ہائنس کی جانب سے فیاضی کے مظاہرے کا نہایت موزوں دن ہو گا۔ انہوں نے مزید لکھا کہ آصف سابع کو یہ جان کر مسرت ہو گی کہ یہ ادارہ نہ تو فرقہ وارانہ ہے اور نہ ہی کسی فرقے یا جماعت سے اس کا تعلق ہے۔ مسلمان، برہمن، عیسائی اور دیگر تمام فرقوں کے طلبہ اس ملٹری اسکول میں ایک ساتھ مل جل کر رہتے ہیں۔

آصف سابع نے مہاراجا کولہاپور کے خط کے بارے میں حکم دیا کہ اس سلسلے میں کونسل (کابینہ) کی رائے عرض کی جائے۔ اس حکم کی تعمیل میں یہ کارروائی باب حکومت کے اجلاس منعقدہ ۱۶ آبان ۱۳۴۵ف ۲۱ ستمبر ۱۹۳۶ء میں پیش کی گئی۔ اس اجلاس میں بہ اختلاف راء صدر المہام (وزیر) عدالت یہ طئے پایا بجائے دائمی امداد کے بقدر پانچ ہزار روپئے کلدار یکمشت عطیہ دئے جانے سے کونسل (باب حکومت)کو اتفاق ہے بشرطیکہ بمشورہ حکومت ہذا کوئی بازی گاہ یا پویلین وغیرہ تعمیر کیا جائے تاکہ عطیہ شاہانہ کی یادگار ہمیشہ قائم رہے۔ صدر اعظم نے ایک عرض داشت مورخہ ۱۲ رجب ۱۳۵۵ھم ۱۸ اکٹوبر ۱۹۳۶ء کے ذریعہ کونسل کی قرار داد آصف سابع کی مذمت میں روانہ کی جسے انہوں نے منظوری دی۔ اس سلسلے میں اُن کا جو فرمان مورخہ ۱۹ شعبان ۱۳۵۵ھم ۵ نومبر ۱۹۳۶ء جاری ہوا تھا اُس کا متن حسب ذیل ہے

"کونسل کی رائے کے مطابق مدرسہ مذکور کو پانچ ہزار روپئے کلدار یکمشت دئے جائیں اس شرط سے کہ ہماری گورنمنٹ کے مشورے سے کوئی بازی گاہ یا پویلین وغیرہ تعمیر کیا جائے"۔

ریاست کے صدر اعظم (وزیر اعظم) سر اکبر حیدری نے ایک عرضی داشت مورخہ ۱۰ صفر ۱۳۵۷ھم یکم اپریل ۱۹۳۹ء آصف سابع کی خدمت میں روانہ کی جس میں یہ تفصیلات درج تھیں کہ کچھ عرصہ قبل برار سے ہندوؤں اور مسلمانوں کا ایک وفد انجمن ہائی اسکول کھام گاؤں اور شیواجی ہائی اسکول امراوتی کیلئے امداد حاصل کرنے کی غرض سے حیدرآباد آیا تھا۔ اس وفد کو جوبلی پویلین کے افتتاح کے

موقع پر آصف سابع سے باز یاب ہونے اور اڈریس پیش کرنے کی عزت حاصل ہوئی تھی جس میں دونوں مدارس سے متعلق تفصیلات درج تھیں۔ بعد ازاں ان مدارس کی امداد کے بارے میں علحدہ درخواستیں پیش ہوئی تھیں۔ اس عرض داشت کے ذریعہ یہ اطلاع دی گئی کہ ان مدارس کے متعلق کمشنر برار سے معلومات حاصل کیج اچکی ہیں۔ اس کے علاوہ عرض داشت میں یہ بھی لکھا گیا کہ برار کے صدر مقام امراوتی میں ڈفرن ہاسپٹل قائم ہے جس کو امداد جاری کرنے کے بارے میں قبل ازیں غور ہو چکا ہے۔ اس ہاسپٹل کے بارے میں بھی معلومات حاصل کی گئی ہےں۔ ان تینوں اداروں کو امداد دینے کی کارروائی باب حکومت کے اجلاس منعقدہ ۲۵ اردی بہشت ۱۳۴۸ فم ۲۰ مارچ ۱۹۳۹ء میں پیش ہوئی جس میں باتفاق رائے طئے پایا کہ برار کے ان اداروں کو یکمشت بیس ہزار روپۓ فی ادارہ عطا کرنے کی سفارش کی جائے۔ باب حکومت نے اس سفارش کے ساتھ یہ بھی لکھا کہ ان تینوں اداروں کا تعلق برار سے ہے اور برار کا ہماری ریاست سے قریبی تعلق ہے۔ پہلے دو اداروں کی جانب سے ہندوؤں اور مسلمانوں کا ایک متحدہ وفد حیدرآباد آ چکا ہے اور اس وفد نے آصف سابع کی خدمت میں ایک کاسکٹ اور اڈریس پیش کرنے کی بھی عزت حاصل کی ہے۔ نیز ڈفرن ہاسپٹل ایک غیر فرقہ واری اور رفاہ عام سے متعلق ادارہ ہے۔ اس لئے مناسب ہو گا کہ یہ عطیہ تینوں اداروں کو دئے جائیں جو آصف سابع، شہزادہ برار یا شہزادی برار کے نام سے منسوب اور چند لازمی شرائط کے تابع ہوں تاکہ ان عطیوں کے صحیح مصرف کا تعین و تیقن ہو سکے۔ ان شرائط کو باہمی مراسلت سے طئے کیا جا سکتا ہے اور ان شرائط کا خاطر خواہ تصفیہ ہونے کے بعد

رقومات ادا کی جاسکتی ہیں۔ صدر اعظم نے عرض داشت کے آخر میں لکھا کہ انہیں باب حکومت کی مذکورہ بالا رائے سے اتفاق ہے۔ آصف سابع نے عرض داشت میں پیش کردہ سفارشات کو منظوری دی اور فرمان مورخہ ۱۵ صفر ۱۳۵۸ھم ۱۶ اپریل ۱۹۳۹ء کے ذریعہ تینوں اداروں کو بیس ہزار روپئے کلدار یکمشت فی ادارہ مجوزہ شرائط کے ساتھ ایصال کرنے کے احکام دئے۔

بنگال ایتھلیٹک اسوسی ایشن کے اعزازی جنرل سکریٹری این احمد نے ٹیگور میموریل فنڈ کمیٹی کی ہدایت پر کاظم یار جنگ صدر المہام پیشی کے نام اپنے مکتوب مورخہ ۲۵ نومبر ۱۹۴۲ء کے ساتھ ٹیگور میموریل فنڈ میں عطئے کیلئے ایک اپیل منسلک کرتے ہوئے درخواست کی کہ اسے آصف سابع کے ملاحظے میں پیش کیا جائے۔ اس بارے میں آصف سابع نے کونسل کی رائے دریافت کرتے ہوئے لکھا کہ ان کے خیال میں اس فنڈ میں ایک ہزار روپئے کا عطیہ دینا مناسب ہو گا کیونکہ مہاراجا ٹیگور سے ان کی ذاتی جان پہچان تھی اور انہوں نے دو دفعہ کلکتہ میں ان کے مکان Emerald Bowers میں قیام کیا تھا۔

محمد اعظم نے اس سلسلے میں عرض داشت مورخہ ۷ ذی الحجہ ۱۳۶۱ھم ۲۶ ڈسمبر ۱۹۴۲ء آصف سابع کی خدمت میں روانہ کی جس میں لکھا گیا کہ بنگال ایتھلیٹک اسوسی ایشن کے اعزازی جنرل سکریٹری نے اپنے مکتوب کے ساتھ عطیہ کے اپیل روانہ کرتے ہوئے عرض کیا ہے کہ کمیٹی کی منشاء ہے کہ آنجہانی ٹیگور کیلئے شایان شان یادگار قائم کی جائے جس کیلئے چندہ جمع کیا جارہا ہے۔ آصف سابع بھی اس فنڈ میں چندہ عطا فرمائیں تو مستحسن ہو گا۔ اس عرض داشت میں یہ لکھا گیا۔ اس

کارروائی پر کونسل کے اجلاس منعقدہ ۳ بہمن ۱۳۵۲ ف م ۷ ڈسمبر ۱۹۴۲ء میں غور کیا گیا جس میں سوائے عقیل جنگ صدر المہام (وزیر) صنعت و حرفت کے جو بوجہ علالت شریک نہ ہو سکے۔ فدوی جان نثار (نواب صاحب چھتاری) اور بقیہ اراکین شریک تھے۔ بالاتفاق طئے پایا کہ "مبلغ ایک ہزار کلدار زائد از موازنہ ادا کئے جائیں اور منظوری خسروی حاصل کی جائے"۔ اس عرض داشت پر آصف سابع نے فرمان مورخہ ۲۹ ذی الحجہ ۱۳۶۱ھ ۷ جنوری ۱۹۴۳ء کے ذریعہ احکام جاری کئے کہ مذکورہ فنڈ میں ایک ہزار روپئے کلدار چندہ دیا جائے۔

* * *

۳

ریاست حیدرآباد میں عدلیہ کو انتظامیہ سے الگ کرنے کا تاریخ ساز اقدام

ڈاکٹر سید داؤد اشرف

مرزا فرحت اللہ بیگ کی تصنیف "میری داستان" سے اخذ کردہ مواد کی بنیاد پر یہ مضمون قلم بند کیا گیا ہے۔ اس مضمون کے آغاز پر عدالتی اختیارات کو انتظامی (عاملہ) عہدوں سے علاحدہ کرنے سے متعلق ریاست حیدرآباد کی اسکیم کے بارے میں چند سطریں لکھنا مناسب معلوم ہوتا ہے۔ اس اسکیم کو نافذ کرنا اپنی طرز کا بہترین اقدام تھا۔ یہ اسکیم دیگر ریاستوں حتی کہ برطانوی ہند کے علاقوں میں بھی لائق تقلید سمجھی گئی۔ اس اسکیم کے نفاذ سے قبل ریاست حیدرآباد میں ایک تحریک میں اور اس سلسلے میں ریاست کے آخری حکمراں میر عثمان علی خان آصف سابع کا فرمان مورخہ ۲۹ شعبان ۱۳۳۹ھم ۸ مئی ۱۹۲۱ء جاری ہونے کے بعد سرکاری سطح پر یہ کارروائی پایۂ تکمیل کو پہنچی۔ اس اسکیم کے نفاذ کے موقع پر یہ خیال کیا جارہا تھا کہ یہ اسکیم بہتر طور پر کام نہیں کر سکے گی لیکن جلد ہی یہ ثابت ہو گیا کہ یہ تمام

خدشات بے بنیاد تھے۔ اس اسکیم کے نفاذ ہونے کے بعد مرزا یار جنگ چیف جسٹس اور ہائی کورٹ کے جج صاحبان نے ریاست کے علاقوں کا دورہ کیا اور عدالت کے عہدیداروں سے اس نئی اسکیم کے بارے میں گفتگو کی۔ چیف جسٹس نے ان دوروں کے بعد لکھا کہ محکمۂ مال کے عہدیداروں کے تعاون اور عہدیداران عدالت کی معاملہ فہمی کی وجہ سے وہ یہ بات یقین کے ساتھ کہہ سکتے ہیں کہ یہ اسکیم ان کی توقعات سے زیادہ کامیاب رہی۔ اسکیم کے نافذ ہونے سے عدالتوں کی کارکردگی میں قابل لحاظ اضافہ ہوا۔ عدالتوں میں مقدمات کثرت سے دائر ہونے لگے اور مقدمات کے فیصلے سابق کے مقابلے میں تیزی سے صادر کئے جانے لگے جس کی وجہ سے عوام کی مشکلات دور ہوئیں اور ان کی نظر میں عدالت کا مقام بلند ہوا۔

مرزا فرحت اللہ اپنی تصنیف "میری داستان" میں لکھتے ہیں کہ جن دنوں وہ میدک کے سیشن جج تھے تو انھیں اس بات کا علم ہوا کہ پنجاب کے چیف جسٹس مسٹر ینگ (Mr.Young) اپنے صوبے میں رشوت ستانی کو روکنے کی بہت کوشش کر رہے ہیں اور انھیں اس سلسلے میں بہت کچھ کامیابی بھی حاصل ہوئی ہے۔ یہ سن کر انھیں خیال آیا کہ وہاں جا کر دیکھنا چاہئے کہ ینگ اس بارے میں کن اصولوں پر کاربند ہیں اور اس خرابی کو دور کرنے میں انھیں کس حد تک کامیابی ہوئی ہے۔ چنانچہ وہ رخصت لے کر لاہور گئے۔ چیف جسٹس ینگ سے ملاقات کا دن مقرر ہوا۔ ینگ ان سے اچھی طرح ملے اور سب سے پہلے عدالتی اختیارات کو انتظامی عہدوں سے علاحدہ کرنے کی ریاست حیدرآباد کی اسکیم سے متعلق بحث چھیڑی اور دریافت کیا کہ کب یہ اسکیم مسدود کی جائے گی۔ فرحت اللہ بیگ نے

جواب دیا "اس اسکیم کے مسدود ہونے کی تو مجھے کوئی وجہ نہیں معلوم ہوتی جب اس کی وجہ سے عدالتی کام بدرجہا بہتر طریقے سے چل رہا ہے"۔

ینگ نے کہا "تم یہ کیا کہتے ہو؟ میں خود پنجاب میں یہ طریقہ رائج کرنا چاہتا تھا مگر گورنمنٹ (حکومت برطانوی ہند) نے یہ ظاہر کر کے کہ حیدرآباد میں یہ اسکیم بالکل ناکام رہی ہے میری تحریک کو ختم کر دیا"۔ فرحت اللہ بیگ نے کہا کہ ممکن ہے کہ حکومت برطانوی ہند کسی خاص وجہ سے عدالتی اختیارات انتظامی عہدیداروں کے قبضے میں رکھنا چاہتی ہو۔ اس لئے وہ اس اسکیم کو نافذ نہ کرے لیکن اس کے یہ معنی تو نہیں کہ وہ اس کی خوبیوں پر بلا اظہار حقیقت پردہ ڈالے اور جو اسکیم حیدرآباد میں نہایت کامیابی سے چل رہی ہو اس کے متعلق یہ لکھ دے کہ وہ حیدرآباد میں ناکام ہو گئی۔ اس کے بعد فرحت اللہ بیگ نے اسکیم کی خوبیوں اور اس کی کامیابی کا سرسری طور پر تذکرہ کرتے ہوئے کہا کہ عدالتی عہدیدار ہمیشہ مستقر پر رہتے ہیں اس لئے ان کو کام کرنے کا زیادہ موقع ملتا ہے کیونکہ یہ بالکل ہائی کورٹ کے ماتحت ہوتے ہیں۔ اس لئے کام کرنے میں ان کو احتیاط کرنی پڑتی ہے۔ کیونکہ ایک ہی قسم کا کام ان کے ذمے ہوتا ہے اس لئے کام کا معیار بھی بلند ہوتا ہے۔ چونکہ انسپکٹنگ آفیسر کے ذریعے سے ان پر ہر وقت نگرانی رہتی ہے اس لئے کام کی بروقت انجام دہی سے پہلو تہی بھی نہیں کرسکتے۔ یہی وجہ ہے کہ لوگ اپنے مقدمات اس اطمینان کے ساتھ پیش کرتے ہیں کہ ان کے جلد اور بلا رعایت تصفیے ہوں گے۔ محکمہ عدالت کے تختہ جات سے تصدیق ہوتی ہے کہ عدالت کی آمدنی بڑھ گئی ہے۔ مرجوعہ (عدالت سے رجوع ہونے والوں یا مقدمہ دائر کرنے والوں کی تعداد) بڑھ

گیا ہے اور تصفیہ شدہ مقدموں کی تعداد بھی بڑھ گئی ہے اور دوران مقدمہ حل سے زیادہ کم ہو گیا ہے۔ یہ سن کر ینگ نے فرحت اللہ بیگ سے کہا کہ حکومت جا کر چند سال کے تختہ جات بھیجنا۔ وہ ان کو دیکھ کر اطمینان کرنے کے بعد پھر تحریک کریں گے۔ اس کے بعد مرزا صاحب نے دریافت کیا کہ ان کے ہاں رشوت ستانی کے انسداد کے متعلق کیا اصول مقرر کئے گئے ہیں۔ اس کے جواب میں ینگ نے کہا کہ جب کسی عہدیدار سے متعلق حد سے زیادہ شکایتیں آنے لگتی ہیں تو پہلے اس کو معطل کر دیا جاتا ہے اور بعد ازاں تحقیقات پر اس کو خدمت سے علاحدہ کر دیا جاتا ہے۔

اس پر فرحت اللہ بیگ نے کہا کہ اس طریقے سے تو ممکن ہے کہ بعض دیانت دار عہدیدار بھی چکر میں آسکتے ہیں۔ جھوٹی درخواستوں کا آج کل وہ زور ہے کہ ان پر کارروائی کرنا اپنے عہدیدار کو بدنام کرنا ہے۔ اگر اہل غرض لوگ یہ سمجھ جائیں کہ کسی بھی عہدیدار کے خلاف کئی سو شکایتی درخواستیں داخل کرنے پر وہ فوراً معطل ہو سکتا ہے تو پھر عہدیداروں کا خدا ہی حافظ ہے۔ یہ سن کر ینگ نے سوال کیا کہ ریاست حیدرآباد میں کیا ہوتا ہے ؟ فرحت اللہ بیگ نے کہا کہ وہ متذکرہ بالا تختہ جات کے ساتھ وہ سرکیولر بھی روانہ کریں گے جو رشوت ستانی کے انسداد کے لئے ریاست حیدرآباد کے ہائی کورٹ نے جاری کیا ہے۔ اس کے ساتھ مرزا صاحب نے اس خواہش کا اظہار کیا کہ حیدرآباد آکر وہ یہ دیکھیں کہ وہاں عدالتی کام کیسا چل رہا ہے اور اگر وہ واقعی حیدرآباد آنا چاہتے ہیں تو حیدرآباد جاتے ہی مرزا صاحب گورنمنٹ کو ان کے ارادے کی اطلاع دیں گے۔ مرزا صاحب نے حیدرآباد آنے کے بعد اکبر حیدری سے اس کا ذکر کیا۔ اس پر اکبر حیدری نے جسٹس ینگ کو لکھا کہ

وہ جب چاہیں بخوشی حیدر آباد بحیثیت مہمان تشریف لا سکتے ہیں۔ مرزا صاحب نے لاہور سے واپس آنے کے بعد محکمہ عدالت کے تختہ جات اور وہ سرکیولر جو اصلاح عدالت سے متعلق وقتاً فوقتاً جاری ہوئے تھے جسٹس ینگ کو بھیج دیئے۔ ینگ نے ان کاغذات کے مطالعے کے بعد مرزا صاحب کو لکھا کہ تمہارا کہنا بالکل صحیح تھا کہ حیدر آباد میں عدالتی اختیارات کو انتظامی عہدوں سے علاحدہ کرنے کی اسکیم کامیاب رہی ہے۔ تختہ جات سے اس کی بخوبی تصدیق ہوتی ہے۔ ینگ نے مزید لکھا کہ جو گشتیاں روانہ کی گئی ہیں ان میں سے اکثر انھیں بہت پسند آئیں اور ان کو وہ پنجاب میں نافذ کر رہے ہیں۔

جب مرزا فرحت اللہ بیگ انسپکٹنگ آفیسر کے عہدے پر فائز تھے جسٹس ینگ حیدر آباد آئے۔ مرزا صاحب نے ان سے ملاقات کے دوران یہاں کے حالات بیان کئے اور کاغذات سے اپنے بیانات کی تصدیق کروائی۔ اس پر مرزا صاحب لکھتے ہیں کہ جسٹس ینگ کو تسلیم کرنا پڑا کہ ہندوستان میں اس اسکیم کا نافذ ہونا ضروری اور لازمی ہے۔ چنانچہ اکبر حیدری کی جانب سے دیئے گئے ڈنر میں انھوں نے اپنی اس رائے کا اظہار کیا۔ جناب سید عبدالعزیز صدرالمہام (وزیر عدالت) نے ان سے کہا کہ وہ برطانوی ہند کے علاقے کے رہنے والے ہیں اور انھیں یہ تسلیم کرنا پڑا ہے کہ حیدر آباد کا عدالتی کام وہاں سے بدرجہا بہتر ہے تو جسٹس ینگ نے کہا کہ جس طریقے پر یہاں کام چل رہا ہے اس لحاظ سے آپ کی رائے بالکل صحیح ہے۔ سید عبدالعزیز نے کوشش کی کہ جسٹس ینگ ان کے ہمراہ دورے پر چل کر عملی طور پر یہاں کے کام کی تنقیح کریں مگر تو وقت کی کمی کے باعث دورے پر نہ جا سکے اور لاہور واپس ہو

گئے۔ آخر میں مرزا فرحت اللہ بیگ لکھتے ہیں کہ اس کے چند روز بعد ہی وکلاء کا جو سالانہ جلسہ امرتسر میں ہوا اس میں جسٹس ینگ نے حیدرآباد کے عدالتی کام کا ذکر کیا اور یہ بھی کہا کہ وہ عدالتی اختیارات کو انتظامی عہدوں سے علاحدہ کرنے ریاست حیدرآباد کی اسکیم پنجاب میں نافذ کروانے کی پوری کوشش کریں گے۔

(اس اسکیم کی تیاری اور اس کے نفاذ کے سلسلے میں سرکاری سطح پر جو کارروائی ہوئی تھی آندھرا پردیش اسٹیٹ آرکائیوز ریکارڈ سے حاصل کردہ مواد کی بنیاد پر لکھا گیا مضمون راقم الحروف کی کتاب "اوراق مورخ حیدرآباد دور عثمانی میں" میں شامل ہے۔

***

۴

حیدرآباد کا ادبی شعری منظرنامہ

منیر الزماں منیر

دکن میں اردو ادب کی نشو و نما کا آغاز اس وقت ہو چکا تھا جب حضرت خواجہ بندہ نواز گیسو دراز ۸۰۳ھ میں گلبرگہ میں قیام پذیر ہوئے۔ آپ کے بارے میں یہ بات وثوق کے ساتھ کہی جاسکتی ہے کہ آپ نے رشد و ہدایت کے ساتھ ساتھ تصنیف و تالیف کا کام بھی انجام دیا اور پھر اپنے جانشینوں میں میراں جی شمس العشاق، برہان الدین جانم اور امین الدین علی اعلی وغیرہ جیسی معزز ہستیوں نے اپنے کارنامہ انجام دئے لیکن اردو کے اس آغاز و ارتقاء سے متعلق یہ بات ذہن نشین رکھنی چاہئے کہ اردو اپنے مزاج کے اعتبار سے صرف درگاہ اور دربار تک محدود نہیں تھی بلکہ شعری تخلیقات کا دائرہ بھی وسیع تھا۔ چنانچہ اس سلسلے میں اردو کا پہلا مستند شعری کارنامہ نظام کی مثنوی "کدم رام پدم راؤ" ہے۔

حیدرآباد کے یا دکن کے شعری منظرنامے کے اجزاء تلاش کرتے ہوئے کچھ ہستیوں کے نام بھی لینے ضروری ہیں جنہوں نے اس دور میں گرانقدر تخلیقات پیش کیں۔ ان میں قاضی محمود دریائی، خوب محمد چشتی، ملک خوشنود، امین، طبعی، عبدل،

غواصی، وجہی، ابن نشاطی، سراج اورنگ آبادی اور داؤد اورنگ آبادی وغیرہ اہم ہیں۔ محمد قلی قطب شاہ اردو کا سب سے پہلا صاحب دیوان شاعر ہونے کی حیثیت سے منفرد ہے۔ ولی کی حیثیت بھی اس لئے امتیازی ہے کہ وہ شمال اور دکن کے درمیان ایک پل کی حیثیت رکھتے ہیں۔ اس عہد کا جو منظر نامہ بنتا ہے اس کے پانچ زاویئے اہم ہیں۔

(۱) منظوم داستانیں (۲) عوامی شاعری (۳) مذہبی شاعری (۴) روایتی شاعری اور (۵) تجربے

دکن میں نظام علی خاں آصف جاہ دوم نے اورنگ آباد کے بجائے حیدرآباد کو اپنا پایہ تخت بنایا اور اس شہر کو ترقی دینے میں کوئی کسر اٹھا نہ رکھی۔ اس کا بدیہی نتیجہ یہ نکلا کہ شعر و ادب کے اس گہوارہ نے ایک نیا روپ دھار لیا۔ پھر ہم دیکھتے ہیں کہ نواب ارسطو جاہ بہار جیسی شخصیت اور ان کے درباری حیدرآباد کے علمی و ادبی دنیا کے جگمگاتے ستارے بن گئے۔ اس دور میں دہلی کے کئی ممتاز شعراء نے نقل مقام کر کے حیدرآباد فرخندہ بنیاد کو اپنا مسکن بنایا جن میں حفیظ دہلوی، مرزا علی لطف اور شاہ نصیر وغیرہ قابل ذکر ہیں۔ دہلی اور لکھنؤ کے بعد حیدرآباد بھی ایک بڑا اردو کا مرکز بن گیا تھا۔

محبوب علی خاں ہی کے دور میں وہ علمی و ادبی کارنامے انجام دئے گئے جن سے تاریخیں بھری پڑی ہیں۔ مورخ دکن نصیر الدین ہاشمی نے اس دور کی کیفیت کو مقناطیسی کہا ہے کیونکہ سلطنت آصفیہ میں اردو کی کچھ اس طرح سرپرستی کی گئی کہ ہندوستان بھر سے اہل قلم شاعر اور ادیب حیدرآباد آنے اور دربار سے وابستہ ہونے

پر فخر کرتے رہے۔ اس ضمن میں مرزا داغ دہلوی جو دربار رامپور سے وابستہ تھے، دکن آنا پسند کیا اور ان کے بعد یا ان کے اتباع میں امیر مینائی، سید علی بلگرامی، ڈپٹی نذیر احمد، رتن ناتھ سرشار وغیرہ دکن چلے آئے۔ حقیقت یہ ہے کہ دکن کی اس حکومت اور اس کے بادشاہ، وزراء اور عوام نے بھی اس زبان و ادب کی کچھ اس قدر خدمت کی جو شاید اس سے قبل نہ ہوئی تھی۔ یہ امر مسلمہ ہے کہ داغ سے پہلے دکن میں میر شمس الدین فیضؔ ہی کا سکہ رواں تھا لیکن داغؔ نے یہ بساط الٹ دی اور پھر دیکھتے ہی دیکھتے داغ کا رنگ و آہنگ شاہی محلوں سے نکل کر عوامی دیوان خانوں میں در آیا۔ یہیں سے ہم یہ محسوس کرتے ہیں کہ حیدرآباد کی علمی و ادبی فضا یا یہاں کا ماحول کچھ اس قدر شاعرانہ ہو چلا تھا جس کا دیرپا اثر قائم اور باقی رہنا ممکن ہو گیا تھا۔ دبستان داغ اور دبستان فیض کے شعراء میں اکثر معرکہ آرائی ہوتی لیکن داغ کا انداز بیان، زبان کی چاشنی، چھبیلا رنگ اور ان سب سے زیادہ محاوروں، تشبیہوں اور استعاروں کی چاشنی نے عوام و خواص دونوں کو متاثر کیا۔ داغ کے شاگردوں نے کیفی، عزیز یار جنگ وغیرہ نے خوب نام پیدا کیا۔ یہ زمانہ آصف جاہی دور کے آخری حکمران نواب میر عثمان علی خاں کا تھا۔ گویا یہ بیسویں صدی کا آغاز اور سلطنت آصفیہ کا عروج تھا۔

حیدرآباد اردو ادب کی شعری تاریخ سے منسلک رہا ہے۔ انیسویں صدی میں تقریباً پورے ہندوستان کا شعری مزاج ایک ہی ہو گیا تھا۔ دکنی کی اپنی انفرادیت ء اٹھارویں صدی کے نصف سے ختم ہو گئی تھی اور جو شاعری کا مخصوص دھارا تھا اس میں یہاں کے شعراء بھی شامل ہو گئے تھے۔ انیسویں صدی میں غدر کے بعد

حیدرآباد ہی جائے امن و ترقی رہا۔ دلی اجڑی، لکھنؤ برباد ہوا، شاعری کا تعلق بہر حال جاگیر داری تہذیب سے تھا۔ شمالی ہند میں اس تہذیب کے اہم ستون گر گئے تھے۔ رامپور میں قدر و منزلت ضرور تھی لیکن چھوٹی سی ریاست نہ داغ کو دیکھ سکی اور نہ امیر کو برداشت کر سکی۔ حالانکہ امیر کا سفر بیسویں صدی کا ہے، لیکن سفر سے پہلے کا پس منظر یہی رہا۔ شاعری میں جو روایتی تصورات تھے وہی برقرار رہے۔ یہ حقیقت ہے کہ حیدرآباد میں لکھنؤ کی صنائی کی طرف توجہ نہیں کی گئی۔ صرف صنف مرثیہ میں انیس و دبیر کے اثرات قبول کئے گئے لیکن جہاں تک غزل کا تعلق ہے اس میں لکھنؤ کی ضلع جگت، رعایت لفظی کا دور دور تک نشان نہیں ملتا۔ لکھنؤ کی غزل میں کبھی کبھی ماتمی فضا نظر آتی ہے گور غریباں، چراغ مرقد، کشتہ ناز با دوسرا رخ ابتہاجی ہے اور اس ابتہاجیت میں سراپا نگاری ہے۔ یہ سراپا نگاری آرائش جمال کے اشعار کا ذکر کرتی ہے۔ کنگن، چوٹی، مسّی، سرمہ، انگیا، چولی والی شاعری سے بھی حیدرآبادی غزل دور رہی۔ لیکن عیش و نشاط کی جو فضا لکھنؤ میں تھی وہ بیسویں صدی سے قبل بھی یہاں ملتی ہے۔ محفل یہاں بھی سجی ہے۔ دور جام چل رہا ہے۔ ساقی کی آنکھوں سے شراب ٹپک رہی ہے۔ صحرا صحرا گلشن پھول کھلے ہیں۔ شمع جلتی ہے، پروانے اڑتے میں نثار ہونے کے لئے۔

ایک طرف تو غزل کی یہ دنیا آباد تھی جہاں بلبل کی بے قراری و آہ وزاری اور گل کی جفا کا ذکر تھا، شمع اور پروانے کی گفتگو تھی، دوسری طرف ہندوستان کی عمومی فضا بالکل مختلف ہو گئی تھی اور ادبی دنیا میں ایک انقلاب آ رہا تھا۔ غدر سے قبل ہندوستانی شعرا و ادباء ہو کہ عام آدمی، انگریزی ادب سے نابلد تھا۔ غدر کے بعد جب

ہندوستانی، انگریزی ادب سے روشناس ہوئے تب ان کے خیالات میں بھی آہستہ آہستہ تبدیلی آنے لگی۔ انگریزی ادب سے زیادہ سے زیادہ فائدہ اٹھانے کی بھرپور کوشش کی گئیں۔ جن کا نتیجہ یہ نکلا کہ ڈرامہ، مناظر فطرت اور مختلف عنوانات پر مبنی نظمیں اور نثر لکھنے کا شعراء و ادبا کو ایک زرین موقع ہاتھ آگیا۔ اردو کی شعری روایات میں پیار اور محبت، حسن و عشق، گل و بلبل، گلشن و آشیاں، شبنم نسیم سحر کی ترکیبیں تھیں۔ غدر کے ہنگاموں نے شعراء اور ادباء کے ذہنوں کو جھنجھوڑا تو روایت شکنی پر اتر آئے اور جدید رجحاناتی شاعری کی ابتداء کی جس کے بانی کی حیثیت سے اردو ادب میں محمد حسین آزاد کا نام لیا جاتا ہے۔

***

۵

ادبی صحافت کے فروغ میں حیدرآبادی خواتین کا حصہ

ڈاکٹر محمد ناظم علی

اردو صحافت کی عمر کم و بیش ۲۰۰ برسوں پر محیط ہے یعنی ۱۸۲۲ تا ۲۰۱۴، لیکن ۱۹۵۰ تک خواتین کی خدمات صحافتی میدان میں کم تھیں، اس کی وجہ خاندانی، سماجی اور مذہبی حد بندیاں تھیں، لیکن آزادی کے بعد خواتین اخبارات و رسائل سے جڑی ہوئی ہیں۔ وہ اپنے طور پر یا معاونین کے تعاون سے اخبارات ادبی رسائل و جرائد کا اجراء عمل میں لاتی رہیں اور بحسن و خوبی صحافتی فرائض انجام دیتی رہیں۔ اس مضمون میں حیدرآباد سے نکلنے والے رسائل جن کی مدیر خواتین رہی ہیں ان کا تعارف پیش کرنے کی کوشش کی جارہی ہے۔ صغرا ہمایوں مرزا نے ۱۹۱۹ میں رسالہ النساء جاری کیا۔ یہ ایک ایسا رسالہ تھا جس میں زیادہ تر خواتین کے مضامین شائع ہوتے تھے۔ اس کی مدیرہ ایک اصلاحی اور انقلابی شخصیت کے مالک تھیں۔ خواتین کی تعلیم و تربیت اس رسالہ کا خاص کردار تھا۔ خواتین میں تعلیم کو عام کرنے تلقین

بھی کی گئی۔ داستان ۱۹۴۷ میں احمد مکی نے محترمہ زینت ساجدہ کی معاونت میں جاری کیا۔ داستان ہندوستان گیر مقبولیت کا حامل تھا۔ تمام مشاہیر ادب کی قلمی معاونت حاصل تھی۔

عکس ۱۹۵۲ میں محمودہ یاسمین کی ادارت میں گوشہ محل سے جاری ہوا تھا، یہ بھی رسالہ نئے ادب کا ترجمان تھا۔ محمودہ یاسمین خود بھی اپنے دور کی اچھی افسانہ نگار تھیں۔ اس لئے عکس کو بھی افسانے کے ارتقاء کیلئے وقف کر دیا۔ قدیر ظفر محمود جو محمودہ کے بھائی تھے، ان کی معاونت حاصل رہی۔

خاتون دکن صالحہ الطاف کی ادارت میں اختر محبوب، صبیحہ سعید، رخشاں تحسین، عذرا سعید کے تعاون سے نومبر ۱۹۶۲ میں شائع ہوا۔ اس پرچہ کی مصوری میں ممتاز مصورہ عذرا سعید کا عمل تھا۔ خاتون دکن مئی ۱۹۶۳ کے شمارہ میں ڈاکٹر سیدہ جعفر نے اپنے مضمون علامہ راشد الخیری کے ناولوں میں عورت کا کردار پر علامہ راشد الخیری کے ناولوں کا تجزیہ کرتے ہوئے لکھا کہ راشد الخیری کے ناولوں میں عورت اکثر ابتداء سے انتہا تک مریم نظر آتی ہے۔ کہیں زلیخا دکھائی نہیں دیتی۔ یعنی ان کی نظر میں عورت کی فطرت کے ایک ہی رنگ ایک ہی جلوے اور ایک ہی جہت پہ ہوتی ہے۔ وہ کردار کی نشو ونما پاتے، نئے روپ دھارتے، بنتے اور سنورتے اور زندگی کے ترنم پر رقص کرتے ہوئے نہیں دکھا سکتے۔

یہی وجہ ہے کہ راشد الخیری کے یہاں عورت کے کردار میں ایک جمود، یکسانیت اور یک رنگی ملتی ہے۔ اس کے باوجود ہم اس سے انکار نہیں کرسکتے کہ راشد الخیری نے اپنے ناولوں میں عورت کے کردار کو پیش کرتے ہوئے اکثر بڑی

صداقت سے کام لیا ہے۔ خاتون دکن رسالے میں نقش اول کے عنوان سے مستقل اداریئے لکھے جاتے رہے۔ ان میں اردو زبان و ادب کے مسائل پر روشنی ڈالی جاتی تھی۔ اس کے کالم بہت مشہور ہوئے۔

رسالہ "قلم کار" مغل اکیڈیمی کی جانب سے احمدی بیگم کی ادارت میں فبروری ۱۹۶۳ میں نیشنل فائن پرنٹنگ پریس چار کمان حیدرآباد دکن میں طبع ہو کر شائع ہوتا تھا۔ اس پرچہ کے مجلس مشاورت کے اراکین میں پروفیسر ابو ظفر عبد الواحد، رفیعہ سلطانہ، جہاں بانو نقوی، راجہ رتنا ریڈی، حکیم تیموری، خاور نوری اور سید مہدی حسین شامل تھے۔ شرکاء میں اشرف رفیع اور زینب فیض الدین شامل تھے۔ قلم کار کے اداریئے سوجھ بوجھ کے مستقل عنوان سے لکھے جاتے رہے۔ ان اداریوں میں اردو زبان کی ترقی اور مستقبل کے بارے میں روشنی ڈالی جاتی رہی۔

ایک اداریہ کا اقتباس نقل کیا جارہا ہے۔

"اس وقت صورت حال یہ ہے کہ وہ لوگ بھی جن کی مادری زبان اردو ہے اپنی زبان سے، اغماز برت رہے ہیں۔ تو بعض ارباب نظر کے اندازے کے مطابق اردو زبان جاننے والوں کا دائرہ تنگ ہوتا جا رہا ہے۔ کیونکہ نئی نسل کی تعلیم انگریزی، ہندی یا تلگو زبانوں میں ہورہی ہے۔ یہ واقفیت واقعی ایک حزنیہ ہے، ضرورت اس بات کی ہے کہ نئی نسل کو اردو زبان میں تعلیم دلانے پر راغب کرنے کی مہم چلائی جائے۔"

"قلم کار" کلاسیکی اقدار کے ساتھ ساتھ ترقی پسندی کی صحت مند رجحانات کا حامل رسالہ تھا۔ اس کو ابتداء ہی سے ملک و بیرون ملک کے شعراء و ادیب کا تعاون

حاصل رہا۔ مغل اکیڈیمی کا یہ ترجمان تقریباً تین یا چار سال تک اردو زبان و ادب کی خدمت انجام دیتا رہا۔ بعد میں چند ناگزیر حالات کی وجہ سے بند ہو گیا

اکتوبر و نومبر ۱۹۶۴ میں خصوصی نمبر شخصیت اور فن، طنز و مزاح و انشائیہ، نقد و نظر شائع ہوئے۔ ڈسمبر جنوری ۱۹۶۶ میں خصوصی افسانہ نمبر شائع ہوا۔

شعور، دوماہی رسالہ تھا اس کا پہلا شمارہ مارچ ۱۹۵۴ کو شائع ہوا۔ ڈاکٹر مغنی تبسم اور اختر جہاں کی ادارت میں نکلا کرتا تھا۔ اردو ادب کے مشہور محقق و ادیب پروفیسر عبد القادر سروی اس جریدہ کے مدیر اعزازی تھے۔ باتصویر تھا اور حسن کاری میں سرور ڈانڈا کا عمل تھا۔ ہما ڈائجسٹ سائز کا یہ رسالہ جملہ تین شماروں کی اشاعت کے بعد مسدود ہو گیا۔ اس میں مختلف عنوان کے تحت اداریئے لکھے گئے آج کی رات، نشست، گفت و برخاست اور میں کیا کروں زمانہ اگر قدرداں ہے۔ اس میں کل ہند انجمن ترقی پسند مصنفین کے فیصلوں اور مسائل پر روشنی ڈالی جاتی رہی۔

رسالہ "شعر و حکمت" کے پہلے شمارہ کی اجرائی جنوری ۱۹۷۰ میں عمل میں آئی اور روز اول سے ہی اختر جہاں اور مغنی تبسم کی ادارت میں شائع ہوتا رہا۔ اس رسالے میں ادیب کا سماجی رول کے عنوان سے مستقل اداریے شہریار اور مغنی تبسم نے لکھے۔ اس کی خصوصیت میں یہ بات قابل ذکر ہے کہ اس میں مشرق اور مغرب کے نغمہ کے عنوان سے مغربی ادیبوں و شعراء کی تخلیقات کو اردو میں ترجمہ کر کے شائع کیا جاتا رہا۔

اس کا نام راشد نمبر ناگپور اور جموں یونیورسٹی کے نصاب میں شامل کیا گیا۔ اس ادبی جریدہ کے عام و خاص شمارے کیفیت و کمیت کے لحاظ سے معیاری ہوتے تھے۔

اس کے ہر شمارے کے ۳۸۴ صفحات ہوا کرتے تھے۔ اس کی اولین مدیرہ اختر جہاں تھیں بعد میں مغنی تبسم، شہریار شامل ہوئے۔ اس طرح سے خواتین نے اول صحافت کو فروغ و ترقی عطا کی۔

***

۶

ریاست حیدرآباد میں سماجی اصلاحات

ڈاکٹر سید داؤد اشرف

آخری آصف جاہی حکمران میر عثمان علی خان آصف سابع کے عہد میں اہم سماجی اصلاحات کے علاوہ دیگر سماجی برائیوں کے انسداد اور اصلاح کے لئے اقدامات کئے گئے تھے۔ اس مضمون میں آندھرا پردیش اسٹیٹ آرکائیوز کے ریکارڈ سے اخذ کردہ مواد کی بنیاد پر آصف سابع کے عہد میں چند سماجی لعنتوں اور برائیوں کی روک تھام کے لئے کئے گئے اقدامات کی تفصیلات پیش کی جارہی ہیں۔ کرپشن آج ملک کا سب سے بڑا اور انتہائی سنگین مسئلہ بن گیا ہے۔ بددیانتی، رشوت ستانی اور ناجائز طریقے سے مالی فوائد حاصل کرنا کرپشن کے مختلف اقسام ہیں۔ کرپشن کو معمول، کمیشن، kick back، اسکام، گھپلے اور دوسرے نام دئے گئے ہیں۔ وزراء، سرکاری عہدیدار، ملازمین اور سیاست دانوں کی خاصی بڑی تعداد بدعنوانیوں اور رشوت خوری کی لعنت میں ملوث ہے۔

سابق ریاست حیدرآباد میں آج سے تقریباً نوے ۹۰ سال قبل رشوت ستانی کے مسائل اور مضرات کا احساس ہوگیا تھا۔ چنانچہ میر عثمان علی خان آصف سابع

نے سرکاری سطح کی کسی بھی تدریجی کارروائی کے بغیر ہی اپنے طور پر اس برائی اور اس کے اثرات کو محسوس کرتے ہوئے اس کے علاج اور اصلاح کی ٹھان لی تھی۔ انھوں نے اس مسئلے کی جڑ تک پہنچنے کی کوشش کی تھی تاکہ رشوت خوری کو جڑ سے اکھاڑ پھینکنے کی تدابیر اختیار کی جائیں۔ انھوں نے رشوت لینے والوں کے ساتھ ہی ساتھ رشوت دینے والوں کو بھی اس سلسلے میں پوری طرح ذمہ دار قرار دیا تھا۔ رشوت کی لعنت کے انسداد کے سلسلے میں آصف سابع کے جو احکام حسب ذیل فرمان مورخہ ۲۰ ربیع الثانی ۱۳۴۲ھم ۳۰ نومبر ۱۹۲۲ء کی شکل میں صادر ہوئے تھے، بے حد مبسوط اور نہایت اہمیت کے حامل تھے۔

"چونکہ یہ باور کرنے کی وجہ ہے کہ رشوت و بد دیانتی کا مرض سرکار عالی کے مختلف سر رشتوں (محکموں) میں پھیل رہا ہے اور اس کا اثر اضلاع تک پہنچ گیا ہے۔ میں چاہتا ہوں کہ ہر سر رشتہ سے (خواہ وہ عدالتی ہو یا انتظامی) اس خرابی کو دور کروں جس سے ملازمت سرکاری پر ایک بدنما الزام عائد ہوتا ہے۔ میں یہ محسوس کرتا ہوں کہ اپنی عزیز رعایا کی فلاح و بہبود اور مقاصد انتظام کے مد نظر موجودہ حالات کی اصلاح نہایت ضروری ہے اور اس کو استحکام اور استقلال کے ساتھ عمل میں لانا چاہئے۔ لہذا حکم دیتا ہوں کہ :۔

۱) اگر کسی شخص نے کسی ملازم سرکار کو رشوت دی ہو یا اس کو بہ تعلق ملازمت کوئی ناجائز فائدہ پہنچایا ہو یا ایسی کسی کارروائی میں شریک رہا ہو تو اس کو چاہئے کہ صدر اعظم باب حکومت کے پاس بذریعہ تحریر اپنی شکایت پیش کرے۔

۲) اگر دریافت سے یہ معلوم ہو کہ شکایت صحیح اور نیک نیتی پر مبنی ہے تو شاکی

کو (جس نے خود رشوت دی ہو یا ناجائز فائدہ پہنچایا ہو یا ایسی کارروائی میں شریک رہا ہو) اس الزام سے معافی دی جائے گی جو اس پر عائد ہوتا ہو۔

۳) برخلاف اس کے اگر اس کی نسبت یہ معلوم ہو کہ اس نے بلاوجہ ایک ایسی شکایت پیش کر دی جو محض بے بنیاد تھی (چنانچہ وہ ملازم سرکار جس کی نسبت اس نے شکایت کی تھی بے جرم ثابت ہوا) تو ایسی صورت میں شاکی خود سزا کا مستوجب ہو گا۔

۴) جب کوئی شکایت وصول ہو تو صدراعظم باب حکومت میری منظوری حاصل کرنے کے بعد اس کو دریافت اور رپورٹ کی غرض سے ایک خاص کمیٹی کے سپرد کریں گے جس میں کونسل (کابینہ) کے تین رکن شریک رہیں گے۔

۵) دریافت کا حکم صادر ہونے پر اس ملازم سرکار کو جس کی نسبت شکایت پیش ہوئی ہو جواب دہی اور صفائی کا پورا موقع دیا جائے گا۔

۶) جملہ ملازمین سرکار متنبہ کئے جاتے ہیں کہ ان اشخاص پر جو راست ان کے ماتحت ہوں سخت نگرانی رکھیں تا کہ کسی کو رشوت لینے یا بہ تعلق ملازمت کوئی ناجائز فائدہ حاصل کرنے کا موقع نہ ملے۔ اگر ایسی نگرانی میں وہ تساہل کریں گے تو سخت تدارک کے مستوجب ہوں گے۔

۷) جب کبھی کسی سرکاری ملازم کو کسی جرم مذکورہ صدر کے ارتکاب کی خبر ملے تو اس پر لازم ہو گا کہ فوراً بصیغۂ راز اس کی تحریری اطلاع صدراعظم باب حکومت کو دے۔ بالآخر میں نہ صرف ملازمین سرکار کو بلکہ عامتہ الناس کو حکم دیتا ہوں کہ ہر جائز طریقے سے تا بحد امکان اس خرابی کو رفع کرنے میں سرکار کو مدد

دیں اور صدر اعظم باب حکومت کو بطور خاص یہ ہدایت کرتا ہوں کہ اس اہم اور ضروری اصلاح کی طرف بذات خود متوجہ ہو کر میرے منشا کو پورا کریں۔ یہ حکم پبلک کی اطلاع کی غرض سے جریدہ غیر معمولی میں طبع کر دیا جائے"

آصف سابع نے نہ صرف یہ کہ رشوت کو ختم کرنے کے لئے قانون کو حرکت میں لانے کی گنجائش پیدا کی بلکہ انھوں نے اعلی عہدہ داراں مجاز کو اس پر عمل آوری کا ذمہ دار اور جواب دہ بھی قرار دیا۔ یہی نہیں بلکہ انھوں نے اس سلسلے میں ایک ایسے طریقۂ کار کا تعین بھی کر دیا جس میں تنقیح اور انصاف کا پورا پورا خیال رکھا گیا تھا۔

بیگار ایک ایسی سماجی برائی ہے جس میں محنت کش طبقے سے نہ صرف جبری طور پر کام لیا جاتا ہے بلکہ اسے اس کی محنت کا صحیح معاوضہ بھی ادا نہیں کیا جاتا۔ یہ سماجی لعنت زمین دارانہ نظام اور جاگیر دارانہ نظام میں بہت عام تھی۔ ملک میں حصول آزادی کے بعد سماجی اور سیاسی بیداری کے نتیجے میں رفتہ رفتہ یہ سماجی لعنت کم ہوتی گئی لیکن ابھی تک اس کا مکمل طور پر خاتمہ نہیں ہوا ہے۔ آصف سابع نے آج سے زائد از ۹۰ سال قبل اس سماجی لعنت کو ریاست حیدرآباد میں ختم کرنے کے لئے فرمان مورخہ یکم شعبان ۱۳۴۱ھم ۱۰ مارچ ۱۹۲۲ء جاری کیا تھا۔ انھوں نے یہ فرمان باب حکومت (کابینہ) کی سفارش یا تجویز کی بنیاد پر صادر نہیں کیا تھا بلکہ انھوں نے ازخود اس بارے میں احکام جاری کئے تھے۔ بیگار کی موقوفی کے سلسلے میں آصف سابع نے متذکرہ بالا فرمان کے ذریعے یہ احکام دئے تھے۔ "ممالک محروسہ میں بیگار کا جو طریقہ اب تک جاری تھا اس کو میں اپنی سالگرہ کی تقریب میں یک لخت

موقوف کرتا ہوں کیونکہ اس سے رعایا کو سخت تکلیف ہوتی ہے اور آئندہ سے حکم دیتا ہوں کہ جو کوئی اس کی خلاف ورزی کرے گا وہ مستوجب سزا ہوگا"۔

اس فرمان میں بیگار کی موقوفی کے بارے میں واضح ہدایتیں موجود نہیں تھیں۔ جب تفصیلی ہدایات کے لئے آصف سابع سے درخواست کی گئی تو انھوں نے بذریعہ فرمان مورخہ ۲۶ اپریل ۱۹۲۲ء حکم جاری کیا کہ بیگار کی موقوفی کے لئے تمام ریاست میں یکساں عمل کے لئے بیگار کی موقوفی کے عام قواعد جاری کرنا ضروری ہے۔ لہذا فوراً تمام دورے کرنے والے اعلی عہدیداروں کی ایک کمیٹی تفصیلی قواعد مرتب کر کے باب حکومت کی رائے کے ساتھ میری منظوری کے لئے پیش کرے۔

اس حکم کی تعمیل میں ایک کمیٹی تشکیل دی گئی جس نے قواعد کا مشورہ تیار کیا۔ اس مسودے کی تیاری اور ترتیب میں اس مسئلے سے متعلق حکومت برطانوی ہند کے تمام قواعد پیش نظر رکھے گئے۔ تیار کردہ قواعد کے مسودے پر مشیر قانونی کی رائے حاصل کی گئی اور کمیٹی نے متعدد اجلاسوں میں اس پر غور کر کے ضروری ترمیمات کے بعد اسے منظور کیا۔ باب حکومت نے اپنی سفارش کے ساتھ اس مسودے کو آصف سابع کی خدمت میں پیش کیا جنھوں نے فرمان مورخہ ۱۲ دسمبر ۱۹۲۶ء کے ذریعے قواعد کے نفاذ کی منظوری دی۔ یہ قواعد ساری ریاست میں ۲۷ فروری ۱۹۲۷ء سے نافذ کئے گئے۔ منظورہ قواعد میں چند اہم قواعد یہ تھے۔ وہ اشخاص جو مزدور پیشے سے ہوں اور فی الواقعی مزدوری کا کام انجام دیتے ہوں دورے کرنے والے عہدیداروں کی باربرداری کے کام کیلئے باادائی اجرت مقررہ حاصل کئے جا سکیں گے۔ کوئی عورت اس کی مرضی کے خلاف کام کرنے پر مجبور نہیں کی جائے

گی۔ اگر کوئی شخص سرکاری ضرورت کے لحاظ سے کام کرنے کے لئے مامور کیا جائے تو اس کو اجرت پیشگی دی جائے گی۔ کسی مزدور کو حسب ذیل شرح سے زیادہ بوجھ نہ دیا جائے گا۔

مرد سے بارہ سیر وزن، عورت سے آٹھ سیر، بچہ جس کی عمر چودہ سال سے کم ہو چھ سیر، دس سال سے کم عمر بچے کو کبھی بیگار پر نہ لیا جائے گا۔

جب کسی عہدیدار دورہ کنندہ یا اس کے ہمراہی اشخاص کے متعلق یہ شکایت ہو کہ قواعد ہذا کی خلاف ورزی کی گئی ہے تو اس کی تحقیقات تحصیلدار یا ڈویژن افسر کے روبرو ہو گی۔ جب کسی شخص کو یہ شکایت ہو کہ اسے مقررہ اجرت ادا نہیں کی گئی ہے یا قواعد ہذا کے احکام کے خلاف کام کرنے کے لئے مجبور کیا گیا ہے تو ایسی شکایت تحصیلدار، ڈویژن افسر یا تعلقدار کے پاس ایک مہینے کے اندر پیش کی جاسکتی ہے۔

یہ قواعد ساری ریاست میں ۲۷ فروری ۱۹۲۷ء سے نافذ کئے گئے اور اس تاریخ سے بیگار سے متعلق جملہ احکام منسوخ کر دئے گئے۔

آصف سابع شوہروں کی جاگیرات سے گزارا پانے والی بیواؤں کا نکاح ثانی کرنے پر گزارا بند کرنے کے احکام جاری کئے تھے۔ اس سلسلے میں جو فرمان مورخہ ۱۵ صفر ۱۳۴۱ھم ۷ اکتوبر ۱۹۲۲ء کو جاری ہوا تھا اس کا متن حسب ذیل ہے۔

"شوہری جاگیرات سے گزارا پانے والی بیواؤں کے متعلق آئندہ سے یہ قاعدہ مقرر کر دیا جائے کہ جب بیوہ نکاح ثانی کرے گی تو اس کا گزارا مسدود کر دیا جائے گا۔ البتہ خاص خاص حالات میں گزارا بحال رہے گا جو خاص وجوہ پر مبنی ہو گا اور اس کا تصفیہ خود سرکار کرے گی"۔

کچھ عرصے بعد شوہر کی جاگیر سے گزارا پانے والی بیوہ کی ایک کارروائی جب آصف سابع کے پاس پیش ہوئی تو اس پر احکام جاری کرنے سے قبل انھوں نے یہ لکھتے ہوئے باب حکومت (کابینہ) کی رائے طلب کی کہ اگر آئندہ یہ طریقہ جاری رکھا جائے تو بہت ممکن ہے کہ گزارا مسدود ہونے کے خوف سے بیوائیں عقد ثانی نہ کریں اور اس سے ان کی اخلاقی حالت پر برا اثر پڑے۔ باب حکومت نے آصف سابع کی رائے سے اتفاق کیا اور اس بارے میں ایک عرض داشت ان کی خدمت میں روانہ کی جس پر آصف سابع نے فرمان مورخہ ۴ جمادی الاول ۱۳۵۱ ھم ۶ دسمبر ۱۹۳۲ء کے ذریعے احکام جاری کئے کہ شوہر کی جاگیروں سے گزارا پانے والی بیواؤں کا گزارا عقد ثانی کرنے پر بھی مسدود نہ کیا جائے۔

آصف سابع کے عہد میں کوتوال بلدہ کی جانب سے شہر اور ریاست کے دیگر مقامات سے وصول ہونے والی خفیہ رپورٹیں تقریباً ہر روز آصف سابع کی خدمت میں پیش کی جاتی تھیں جس کے باعث وہ ریاست کے حالات سے ہمیشہ باخبر رہتے تھے۔ اگر ان رپورٹوں سے نظم و نسق کی کمزوریوں، سماجی برائیوں اور اخلاقی خرابیوں کا پتہ چلتا تو آصف سابع ان کی اصلاح اور سدھار کی جانب توجہ دیتے اور فرامین کے ذریعے احکام جاری کیا کرتے تھے۔ جب سرکاری عہدیدار دوروں پر جایا کرتے تھے تو ان کی تفریح، دلچسپی اور دل بہلائی کے لئے رقص و سرور کی محفلیں منعقد کی جاتی تھیں اور طرح طرح کے تماشے ہوا کرتے تھے جن میں غیر شائستہ اور قابل اعتراض حرکتیں شامل ہوا کرتی تھیں۔ اس کی وجہ سے نہ صرف پیسہ اور وقت

ضائع ہوتا تھا بلکہ اخلاق پر بھی بُرے اثرات پڑتے تھے۔ آصف سابع کو اس بارے میں اطلاعات ملنے پر انھوں نے بذریعہ فرمان مورخہ ۱۶ جمادی الاول ۱۳۴۰ھ م ۱۵ جنوری ۱۹۲۲ء حسب ذیل سخت احکام جاری کئے۔

"مجھے معتبر ذرائع سے معلوم ہوا ہے کہ سرکاری عہدیدار جب کبھی دورہ کرتے ہیں تو اس موقع پر رقص و سرور کی محفلیں گرم رہا کرتی ہیں اور یہ افعال قبیحہ ان کے تزک و احتشام کا باعث اور دورہ کا جزلاینفک بن جاتے ہیں جن سے پبلک پر برا اثر پڑتا ہے اور اصلی غرض دورے کی مفقود ہو جاتی ہے۔ لہذا ان امور کو مد نظر رکھ کر حکم دیتا ہوں کہ آئندہ سے اس قسم کی ناشائستہ حرکات یک لخت موقوف رہیں اور کوئی عہدیدار دیدہ و دانستہ خلاف ورزی کرے گا تو وہ قابل بازبرس سمجھا جائے گا۔ لہذا مناسب ہو گا کہ میرا یہ حکم جریدہ غیر معمولی میں عوام کی اطلاع کی غرض سے شائع کر دیا جائے"۔

شہر میں اکثر مقامات پر مینا بازار قائم تھے جن کی وجہ سے اکثر برائیاں پیدا ہورہی تھیں اس لئے آصف سابع نے فرمان مورخہ ۵ ربیع الاول ۱۳۳۵ھ م ۳۱ دسمبر ۱۹۱۶ء کے ذریعے اخلاقی برائیوں کے سدباب کے لئے مینا بازار بند کر دینے کے احکام دئے۔

مرغ بازی، بلبل بازی اور جانوروں کو آپس میں لڑانا جاگیر دارانہ دور میں ایک محبوب مشغلہ تھا اور لوگ اس تفریح و تماشے میں بڑا وقت ضائع کیا کرتے تھے۔ لوگوں کے اس شوق میں بتدریج کمی آتی گئی لیکن ریاست حیدرآباد کے آخری حکمران آصف سابع کے عہد میں یہ برائی باقی تھی چنانچہ انھوں نے فرمان مورخہ

۷ صفر ۱۳۴۳ھ م ۷ ستمبر ۱۹۲۴ء کے ذریعے ان تماشوں کو ممنوع قرار دیتے ہوئے ان میں ملوث اشخاص کو ایک سو روپے جرمانہ و ایک ماہ قید سادہ کی سزا دینے کے لئے احکام جاری کئے۔

ریاست حیدرآباد یا مملکت آصفیہ کے ساتویں یا آخری حکمران میر عثمان علی خان کے عہد میں سماجی اصلاحات سے متعلق جن اقدامات اور کوششوں کا ذکر کیا گیا ہے اس سے بخوبی اندازہ لگایا جا سکتا ہے کہ اس ریاست میں حکومت اور اس کے حکمران کو عوام کی فلاح و بہبود اور معاشرے کو برائیوں سے پاک کرنے، اخلاقی اقدار کی پاسداری، شائستگی اور تہذیبی ترقی کا کتنا خیال تھا۔

***

۷

حیدرآباد کے اہم ادارے اور کتب خانے:

مولانا عبدالماجد دریابادی

ڈاکٹر سید داؤد اشرف

مولانا عبدالماجد دریابادی ۱۹۶۳ء میں حیدرآباد تشریف لائے تھے۔ انھوں نے اس دورے کی روداد میں حیدرآباد کی چند ممتاز شخصیتوں کے تعلق سے جن خیالات کا اظہار کیا ہے ان کا خلاصہ گذشتہ مضمون میں پیش کیا جا چکا ہے۔ مولانا نے اس دورۂ حیدرآباد کے موقع پر جن اہم اداروں اور کتب خانوں کا معائنہ فرمایا تھا ان میں ادارۂ ادبیات اردو، انجمن ترقی اردو ہند، مجلس تعمیر ملت، دائرۃ المعارف، کتب خانہ آصفیہ (موجودہ اسٹیٹ سنٹرل لائبریری)، سالار جنگ کتب خانہ اور دارالقرآت کلیمیہ قابل ذکر ہیں۔

مولانا ادارہ ادبیات اردو کے بارے میں تحریر کرتے ہیں "نام کی کشش جب ادارہ ادبیات اردو تک لے گئی تو ایوان اردو کو نام کا نہیں واقعی ایوان اردو پایا۔ عمارت کے ظاہری حسن و جمال، وسعت و طول و عرض سے قطع نظر جب عمارت

کے اندر قدم رکھا اور چل پھر کر، ادھر ادھر اوپر نیچے دیکھنا شروع کیا تو شان خدا نظر آئی۔ میوزیم اور لائبریری سب کچھ ہی اس ایوان کے اندر جمع ! اللہ اکبر اپنی اردو کی یہ شان ! قلمی کتابوں نادر مخطوطوں کا پورا ذخیرہ فراہم، ریسرچ اسکالر آئیں تو اپنے کام کے لئے مدتوں قیام کا سامان پائیں۔ سچ یہ ہے کہ اس احاطے کے اندر آکر یہ بھی یاد نہیں رہ جاتا کہ اردو کوئی مظلوم زبان ناقدری اور کسمپرسی کا شکار ہے یا یہ کہ کسی بھی ترقی یافتہ زبان سے پیچھے یا نیچے ! اللہ نے خلوص میں بڑی برکت رکھی ہے۔ڈاکٹر زور مرحوم اردو کی خدمت کو اپنا اوڑھنا بچھونا بنائے ہوئے تھے۔ اللہ نے ان کی کوششوں کو کامیابی و سرسبزی کا یہ مرتبہ عطا کیا اور بابائے اردو کا صحیح جانشین بلکہ یوں کہئے کہ بابائے اردو ثانی بنادیا"۔

انجمن ترقی اردو ہند کے بارے میں مولانا رقم طراز ہیں کہ ایک وسیع احاطے میں اور اس کے اندر دو اردو کالجوں کو بڑے پیمانے پر چلانا کوئی آسان اور معمولی کام نہیں۔ کتابوں کی تالیف اور اشاعت اس کے علاوہ ہے۔ یہ سب کچھ بڑی حد تک انجمن کے معتمد پروفیسر حبیب الرحمن کی جوان ہستی اور ایثار کا نتیجہ ہے۔ انھوں نے اپنی ایک بڑی ذاتی عمارت انجمن کی نذر کر دی ہے اور خود دن رات اردو کی خدمت میں لگے رہتے ہیں۔ خوش نصیب ہیں وہ انجمن جسے ایسے مخلص کارکن نصیب ہوئے ہیں۔ اس انجمن کو چلانے میں تنہا مسلمانوں کا ہاتھ نہیں بلکہ متعدد ہندو بھی اس میں دل و جان سے شریک ہیں۔ چنانچہ شری جانکی پرشاد کا نام بار بار سننے میں آیا۔

مجلس تعمیر ملت کے متعلق مولانا لکھتے ہیں کہ شہر حیدرآباد میں ایک ایسا ادارہ

دیکھنے میں آیا جو شہر ہی کی نہیں بلکہ ساری ریاست کی ملی زندگی میں ایک مرکزی حیثیت رکھتا ہے۔ اس ادارے کے صدر سید خلیل اللہ حسینی سرگرم عمل مجسم ہیں۔ ۱۹۴۸ء کے بعد سے اس مدت میں جو افسردگی، انتشار، ہراس بلکہ سرسیمگی پیدا ہو گئی تھی اس کے دور کرنے اور مسلمانوں میں از سر نو اعتماد نفس پیدا کرنے میں بڑا دخل مجلس تعمیر ملت کو ہے۔ مجلس کا نصب العین جیسا کہ اس کے نام سے ظاہر ہے تعمیر ہے، تخریب نہیں۔ ٹھوس کام کرنا ہے محض نعرے لگانا اور جلوس گشت کرانا نہیں۔

دائرۃ المعارف کے بارے میں مولانا اس خیال کا اظہار کرتے ہیں کہ دوسرے دینی اداروں سے قطع نظر یہ دینی علمی ادارہ ایسا ہے کہ جو حیدرآباد بلکہ سارے ہندوستان میں منفرد تھا اور اب تک ہے اور ہندوستان کیا معنی اس کی نظیر اس بڑے پیمانے پر عالم اسلام میں کمتر ہی نظر آئے گی۔ اس کے ناظم ڈاکٹر عبد المعید خان جو نظامت سے ہمہ وقتی و نازک کام کے علاوہ بلند پایہ انگریزی سہ ماہی اسلامک کلچر کے ایڈیٹر ہیں، یونیورسٹی میں پڑھاتے ہیں اور اسلام کے علمی محاذوں پر سپاہی کی خدمات انجام دیتے ہیں۔ دائرۃ المعارف کو بند کروانے کی کوششوں اور مولانا ابو الکلام آزاد کی دلچسپی اور توجہ کے باعث اس ادارے کی برقراری کے بارے میں مولانا کہتے ہیں "یاروں نے کیا کوئی کسر ادارے کو بند کرا دینے کی اٹھار کھی تھی۔ ادارہ مسلمانوں کا مخصوص کام کر رہا ہے۔ فرقہ وارانہ ہے۔ سیکولر حکومت میں اس کا کیا کام، اسے فوراً القط ہونا چاہیئے۔ قریب تھا کہ فرمان قضا اسی مضمون کا شائع ہو جائے اور حکومت آندھرا پردیش کے حکم سے ادارے کے دروازوں پر قفل پڑ ج ائیں لیکن

حافظ حقیقی کو کچھ اور ہی منظور تھا۔ وزیر تعلیم سرکار ہند مولانا ابوالکلام آزاد نے اپنے منصب عالی کی کرسی سے زبردست احتجاج نامہ بھیجا "بند ہونا کیا معنی" ایسے ادارے کو قائم ہی نہیں اور ترقی دینا چاہئے۔ بیرون ہند کی پڑھی لکھی دنیا میں سرکار ہند کے سیکولرازم کا بھرم ہی اس سے قائم ہے۔ اپنے سرکاری دورے میں میں نے کیا جرمنی کیا فرانس، کیا برطانیہ اور کیا اٹلی سب مقامات کے اہل علم کو اس کی خیریت دریافت کرتے اور اس کے کارناموں کے راگ گاتے ہوئے پایا جب کہیں جا کر ادارے کی جان بخشی ہوئی"۔

مولانا جب دارالترجمہ جامعہ عثمانیہ میں ملازمت کے دوران حیدرآباد میں مقیم تھے ان دنوں کتب خانہ آصفیہ ان کے شوق و دلچسپی کا مرکز تھا۔ وہ اکثر وہاں جایا کرتے تھے۔ اب کتب خانہ آصفیہ اسٹیٹ لائبریری میں تبدیل ہو چکا تھا۔ اس مرتبہ اس کتب خانہ کو دیکھنے پر مولانا کے یہ تاثرات تھے کہ اس ریاست میں اردو کے ساتھ سوتیلے پن کا رویہ تھا۔ اردو کی نئ کتابوں کی کوئی فہرست باہر آویزاں نہ تھی جبکہ انگریزی اور ہندی کتابوں کے نام تعارف کے ساتھ بورڈ پر چسپاں تھے۔

مولانا پہلے بھی کئی بار کتب خانہ سالار جنگ آچکے تھے۔ سالار جنگ سوم ان سے بری شفقت و مہربانی سے پیش آتے تھے۔ اس مرتبہ کتب خانہ سالار جنگ میں نصیر الدین ہاشمی سے ان کی تفصیلی ملاقات رہی جن کے بارے میں مولانا تحریر کرتے ہیں کہ پڑھے لکھوں اور تحقیقی کام کرنے والوں میں کون ان سے ناواقف ہو گا۔ وہ اپنی ذات سے خود ایک زندہ کتب خانہ ہیں۔ وہ کتنی کتابوں اور کتاب سازوں کے نام، پتے، خصوصیات کے حافظ، کتب خانوں کی ترتیب، فہرست سازی وغیرہ کے

ماہر ہیں۔ ملک میں قرأت و تجوید کے نظام کا تذکرہ کرتے ہوئے مولانا عبدالماجد دریابادی کہتے ہیں کہ حیدرآباد بحمد اللہ اس خصوص میں بھی اپنی امتیازی شان قائم کئے ہوئے ہے۔ فارسی کے پروفیسر قاری کلیم اللہ حسینی کی نگرانی و سرپرستی میں کامیابی کے ساتھ کام کرنے والے ادارے دارالقرأت کی کارکردگی پر اپنی پسندیدگی کا اظہار کرتے ہوئے کہتے ہیں کہ قاری صاحب خود اپنی ذات سے جامع صفات ہیں۔ ایک طرف صورۃً، سیر تاً پختہ و گہرے مسلمان اور دینی علوم کے عالم اور دوسری طرف انگریزی زبان اور مغربیات میں برق۔

مولانا عبدالماجد دریابادی نے حیدرآباد میں اٹھاون دن (۲۹ ستمبر تا ۱۶ اکتوبر ۱۹۶۳ء) بے حد مصروف گزارے۔ واپسی کے وقت وہ اپنے احساسات کا ان الفاظ میں اظہار کرتے ہیں۔ "بڑی بڑی عمریں بات کہتے اور لمبی لمبی زندگیاں پلک جھپکاتے ختم ہو جاتی ہیں تو سترہ اٹھارہ دن کی بساط ہی کیا تھا۔ ابھی حیدرآباد کے پلیٹ فارم پر آمد ہی ہوئی تھی کہ اسی اسٹیشن سے روانگی کی گھڑی بھی آگئی۔ وہ ۲۹ ستمبر کی صبح تھی اور یہ ۱۶ اکتوبر کی شام! خوب یقین کے ساتھ شروع ہی سے معلوم تھا کہ قیام بالکل عارضی اور چند روزہ ہے پھر بھی دل کسی حد تک لگ گیا تھا اور طبیعت در و دیوار گلی کوچے سے مانوس ہوگئی تھی۔ چلتے وقت دل کسی درجہ میں ضرور کڑھا"۔

***

۸

حیدر آبادی خواتین کا قابل تقلید کردار

انیس عائشہ

عورت ہمیشہ سے سماج کے لئے ایک چیلنج رہی ہے۔ پرانی تہذیبوں میں جہاں اس کو قبول کرنے کی ہمت ہی نہیں تھی۔ بدھ بھکشوں نے قابل نفرت سمجھا، عیسائی خانقاہ نے ازدواجی زندگی کے انکار کو معراج سمجھا، کبھی ناقص العقل قرار دی گئی۔ غرض سماجی منظر نامے سے ہٹانے کی بہت کوشش کی گئی، لیکن اسلام کے عروج کے ساتھ ساتھ اس کو اپنے وجود کا احساس ہونے لگا۔ علامہ اقبال نے مہر ثبت کر دی کہ عورت میں شرار زندگی ہے وہ محافظ سوز حیات ہے۔ باحوصلہ اور روشن دماغ ہے۔

شرف میں بڑھ کے ثریا سے مشت خاک اس کی
کہ ہر شرف ہے اسی درج کا در مکنوں
وجود زن سے ہے تصویر کائنات میں رنگ
اسی کے ساز سے ہے زندگی کا سوز دروں

ماں کے لئے کہا:

دفتر ہستی میں تھی زریں ورق تیری حیات

تھی سراپا دین و دنیا کا سبق تیری حیات
تربیت سے تیری میں انجم کا ہم قسمت ہوا
گھر مرے اجداد کا سرمایہ عزت ہوا

مجاز نے کہا:

ترے ماتھے پہ یہ آنچل بہت ہی خوب ہے لیکن
تو اس آنچل سے اک پرچم بنا لیتی تو اچھا تھا

کیفی اعظمی:

قدر اب تک تری تاریخ نے جانی ہی نہیں
تجھ میں شعلے بھی ہیں بس اشک فشانی ہی نہیں
تو حقیقت بھی ہے دلچسپ کہانی ہی نہیں
تیری ہستی بھی ہے اک چیز! جوانی ہی نہیں

قرۃ العین حیدر نے لکھا "عورت عموماً ذہین ہوتی ہے، اس میں بلا کی قوت برداشت ہوتی ہے۔ بہت صابر ہوتی ہے۔ مشکلات میں کم ہارتی ہے۔ اس کی ان صفات سے مرد خوف زدہ رہتا ہے۔ وہ صحیح معنوں میں علم حاصل کرتی ہے اور اپنی مخلصانہ کوششوں سے اسے بروئے کار لاتی ہے"۔

یہ اعتماد اگرچیکہ سست رفتاری سے آیا لیکن جب خواتین سرگرم اور تعلیم یافتہ ہوئیں تو آنے والی نسلوں کے لئے قابل تقلید نمونے پیش کر دیئے۔ چراغ سے چراغ جلتا گیا۔ حیدرآباد بھی منور ہو گیا۔ حالانکہ ابتداء تعلیم صرف مذہب، اُمور خانہ داری اور بچوں کی تربیت تک محدود تھی لیکن اس وقت بھی ایسی ایسی خواتین

پیدا ہوئیں جو اپنی مثال آپ تھیں۔ بچوں کو بہترین تعلیم و تربیت دے کر ملک کے حوالے کیا۔

بیرون خانہ اپنی صلاحیت بروئے کار لانے کے ضمن میں ہمیں قطب شاہی دور میں بہت نمایاں نام حیات بخشی بیگم کا ملتا ہے جو عبد اللہ قطب شاہ کی والدہ تھیں۔ انہوں نے اپنی فہم و فراست سے کام لے کر بے شمار رفاہی کام عوام کے لئے کئے جب کہ تخت نشینی کے وقت قطب شاہ صرف گیارہ سال کے تھے۔ والدہ نے راست اور بالواسطہ طور پر حکومت سنبھالی۔ مسجدیں، ماں صاحبہ تالاب، کنویں، سرائے اور مدرسے تعمیر کروائے، مہہ لقابائی چندا درباری شاعرہ اور سلطان خدیجہ سلطان شہر بانو نے مثنویاں لکھ کر اردو ادب کو مالامال کیا۔ آصف جاہی دور میں خواتین پر تعلیمی اور صنعتی ترقی کا زیادہ اثر پڑا۔ انتظامی سرگرمیاں اور کسی کے لئے کچھ کر دینے کا جذبہ بھی پروان چڑھا تو میدان وسیع تر ہوتا گیا۔ سفر کی سہولیات بڑھیں، نئی ایجادات کو قبول کرنے کا حوصلہ ہوا تو گھوڑ سواری، تیر اندازی اور فنون لطیفہ سیکھا، تعلیمی اور ادبی سرگرمیوں میں شرکت شروع کی۔ سائنسی ایجادات، ٹیلیفون، ریڈیو اور ہوائی جہاز کا استعمال ہونے لگا۔ دوسرے ممالک کے حالات سے واقفیت ہونے لگی تو حیدرآبادی خواتین بھی متاثر ہوئے بغیر نہیں رہ سکیں۔ لڑکیاں طب اور قانون میں داخل ہونے لگیں اعلیٰ تعلیم حاصل کرنے کا حوصلہ بڑھا طیبہ بیگم والدہ علی یاور جنگ نے مدراس یونیورسٹی سے بی اے کیا۔ رقیہ بیگم سید علی بلگرامی کی بیٹی، بس کوڑاوالا، نورالنساء بیگم جن کا پورا خاندان سرشتہ تعلیم سے جڑ گیا تو شاید خاتون مس آمنہ پوپ، بشیر النساء (مصر سے بی اے کیا)، دور عثمانی کی پہلی

شاعرہ دلہن پاشا بیگم تخلص مجاز، قابل داد حد تک ہمیں اس وقت اختر جہاں اختر، بشیر النساء بشیر (جن کے کلام پر اقبال کا بہت اثر تھا) حسینی بیگم طن زہرہ بیگم زہرہ منظور فاطمہ بیگم سردار شریف بانو شریف، صغرا بیگم صغرا، جہاں بانو بیگم بانو، شہر بانو بیگم نسرین، مسز برکت رائے (بھگوت گیتا کا اُردو میں ترجمہ کیا) اور مس تلسی مانک لال وغیرہ کے نام ملتے ہیں، تلسی مانک لال مشرقی تہذیب کی دلدادہ تھیں۔ رباعی لکھی:

انگارہ خاکی میں یقین پیدا کر
بال و پر جبرئیل امیں پیدا کر
کیوں دو کو جگہ دیتا ہے اپنے دل میں
اک گھر کے لئے ایک مکیں پیدا کر

بیشتر خواتین جلسوں میں شریک ہونے لگیں صاحب دیوان شاعرات میں لطف النساء بیگم ہیں۔ خجستہ سلطانہ نے تاریخ تیموریہ لکھی۔ حمید خانم نے سفر نامہ حجاز لکھا۔ تہنیت النساء زور کے کلام میں نعت کے علاوہ انسانیت اور اپنے وجود کی اہمیت کا عنصر شامل ہے۔ مسز شانتا بائی نے یوروپ کی سیر کی وہاں کے حالات لکھے۔ ایک کتاب "نیا روس" لکھی جس کے انتساب میں لکھا" اس جذبہ کے نام جو غالب کے اس شعر میں پنہاں ہے:

منظر اک بلندی پر اور ہم بنا لیتے
عرش سے پرے ہوتا کاش کہ مکاں اپنا

آگے چلتے ہیں روڈا مستری نے ۱۹۴۴ء میں کالج آف سوشیل ورک قائم کیا۔

انڈین کونسل آف سوشیل ورک کی صدر بنیں سیاست میں حصہ لیا۔ معصومہ بیگم نے اعتراضات کے باوجود جلسوں میں شرکت کی، تقاریر کیں۔ ۱۹۵۲ء میں کانگریس پارٹی کے الیکشن میں حصہ لیا۔ ایم ایل اے بن گئیں۔ یہ حیدرآباد کی پہلی خاتون رکن تھیں۔

سنٹرل سوشیل بورڈ دہلی کی چیرمین مقرر ہوئیں۔ بیرون ملک اپنے ملک کی نمائندگی کی۔ پدم شری ایوارڈ حاصل کیا۔ شعبہ قانون میں سعادت جہاں رضوی، آمنہ نقوی اور فیض النساء نے قدم جمائے، میدان وسیع ہو چلا، خواتین کی پہنچ صنعتی کارخانوں، سماجی تنظیموں، صحافت اور یونیورسٹی تک ہو گئی۔ سروجنی نائیڈو، پدمجا نائیڈو، مسز ڈھگے، سنگم لکشمی بائی، مسز راج، بہادر گوڑ، باجی جمال النسائ، پرمیلا بائی، مسز نارائن ریڈی (ہرنولا) اور فخر الحاجیہ کے کارنامے بھی حیدرآباد کی شان میں اضافہ کا سبب بنے۔

صغرا ہمایوں مرزا کا قائم کردہ اسکول (جس سے ہزاروں لڑکیاں فیضیاب ہو رہی ہیں) آج بھی شہر کے بہترین اسکولوں میں شمار کیا جاتا ہے، درگا بائی دیشمکھ نے اسپتال، نرسنگ اسکول اور کالج قائم کیا، سماجی اور رفاہی کام انجام دیئے، رانی کمودنی، مسز نائیک، سبتا یدھ ویر شاہجہاں بیگم، ڈاکٹر زہرہ بلگرامی، رفیعہ منظور الامین، مسز ارجمند وہاب الدین، شفیق فاطمہ شعریٰ، مہا لکشمی، بانو طاہرہ سعید، نسیم یزدانی، سلامت النسائ، اعلیٰ تعلیم یافتہ زینت ساجدہ شفیق، کامل استاد جن کی تعریف اور تشکر میں آج تک بین الاقوامی سطح پر مضامین لکھے جا رہے ہیں۔ عظمت عبدالقیوم نے خود کام کیا، محفل خواتین قائم کی۔ ان کی لگن اور پرورش کا نتیجہ یہ

نکلا کہ ان کی بیٹی شاداں اس وقت میڈیکل کالج، پوسٹ گریجویٹ کالج اور نہ جانے کتنے کالج اور اسکول چلا رہی ہیں۔ مسز شاہ پور مانک جی ویمنس ایجوکیشنل بورڈ کی ممبر اور چائیلڈ ویلفیر کی سرگرم کارکن، مس رشیدہ پریس رپورٹر رستم یار جنگ کی بھانجی سائنس، ریاضی، موسیقی مصوری میں ماہر کلید اناث میں کیمیاء کی پروفیسر منیزہ ماؤس جی نے "مولانا حالی اور ان کا کلام" اور کلید معرفت" اردو میں لکھی۔

ہوتا یہ ہے کہ جب کوئی صاحب علم و عمل ہوتا ہے تو اس کو خواہش ہوتی ہے اور اس کی ذمہ داری بھی ہوتی ہے کہ اس علم و ہنر کا فائدہ دوسروں تک پہنچے۔ مستفید ہونے والوں کا ایک سلسلہ قائم ہو جائے۔ حقوق العباد کے فرائض پورے کئے جائیں۔ ماضی بہر حال ہمارے حال پر اثر انداز ہوتا ہے۔ سوال یہ ہے کہ حال کیا ہے ایک لمحہ جو اس کے گذرتے ہی ماضی بن جاتا ہے۔ مولانا ابوالکلام آزاد نے غبار خاطر میں لکھا ہے۔ جسے ہم حال کہتے ہیں، وہ بظاہر ہے کہاں ؟ فی الوقت ہے کہاں ؟ یہاں وقت کا جو احساس بھی ہمیں میسر ہے، وہ یا تو ماضی کی نوعیت رکھتا ہے یا مستقبل کی اور ان ہی دونوں زمانوں کا تسلسل ہے جسے ہم حال کے نام سے پکارتے ہیں چنانچہ اسی طرح ماضی حال بنے گا اور حال ماضی، مستقبل، خدمت خلق ہوتی رہے گی۔

اس وقت حیدرآباد میں فکری و عملی خدمت انفرادی اور اجتماعی طور پر بہت ہو رہی ہے۔ پدم شری جیلانی بانو اپنی پر مغز اور با اثر تحریر کی وجہ سے بے شمار بین الاقوامی اور قومی انعامات سے نوازی گئیں۔ پروفیسر لئیق صلاح اور اشرف رفیع صاحبہ نے صاحب کتب ہو کر نہ صرف بے شمار شاگردوں کو علم و ادب سے نوازا بلکہ

دینی، ادبی جلسوں کی صدارت اور سرپرستی کر کے ہمت افزائی فرمارہی ہیں۔ اسی طرح اودیش رانی، لکشمی دیوی راج، اندرا دھن راج گیر اردو سے محبت کی بناء پر زبان و ادب کی خدمت میں مصروف ہیں، اودیش رانی کا ہر جمعرات کو "منصف" اخبار میں جو کالم "مجھے یاد ہے سب ذرا ذرا" ایک تاریخی دستاویز کی حیثیت رکھتا ہے۔ فاطمہ عالم علی صاحب کتاب و علم و فراست اپنی مثال آپ ہیں۔ اس کے علاوہ حیدرآباد میں کئی فلاحی، دینی و ادبی انجمنیں کام کر رہیں۔ سرور بابو خاں ایک نمایاں نام ہے۔ مسز متین انصاری "دوبارہ" رفیعہ نوشین "مہتا" صبا قادری " Help Hyderabad" سنیتا کشن "Prajwala" نور جہاں "My Choice" جمیلہ نشاط "شاہین آرگنائزیشن" انورادھا "Rainbow Homes"، اسماء زہرہ، مسلم گرلس اسوسی ایشن، "حسنیٰ پاشا، "A.I.M.E.S"، انیس عائشہ "تنظیم نسواں تعمیر ملت" اور "Access Foundation"، سلطانہ نذیر اور نور آمنہ مسلم ایجوکیشن سوسائٹی خالدہ پروین، فرزانہ بیگم عائشہ روبینہ وغیرہ اپنے اپنے طور پر رات دن ذہنی، عملی طور پر مصروف ہیں۔ دینی اور ادبی انجمن میں سرفہرست حمیرا جلیلی، صبیحہ صدیقی، عقیلہ خاموشی، اصغر صدیقہ، امت الغفور صادقہ، عزیزہ محبوب، رضوانہ زرین، عابدہ کریم۔ ادھر پروفیسر حبیب ضیاء صدر "محفل خواتین" نے سرپرستی اور نگرانی کے علاوہ نثر، مزاح طنز نگاری میں بین الاقوامی شناخت بنا رکھی ہے جہاں پر نسیمہ تراب الحسن، ۱۰ کتابوں کی مصنفہ قمر جمالی سیکریٹری "حلف" گویا زبان او ادب کی خدمت کا حلف لیا ہوا ہے۔ عزیز النساء صباء کہنہ مشق شاعرہ، مظفر النساء ناز، تسنیم جوہر، معیاری شاعرات، دراصل اس پلیٹ فارم نے قلم کا استعمال

سکھایا، اردو کو فروغ دیا۔ بہتوں کو صاحب کتاب بنایا، ریاض فاطمہ، مشرف، افروز سعیدہ، سعدیہ مشتاق، فریدہ زین، فاطمہ تاج رفیعہ نوشین، اندورشٹ، فریدہ راج، ثریا جبین، شبینہ فرشوری، اسریٰ منظور، بے تکان لکھ رہی ہیں۔ پروفیسر فاطمہ پروین، آمنہ تحسین، مانو اور دوسری یونیورسٹیز کی پروفیسر زبان وادب کی خدمت میں لگی ہوئی ہیں۔ بہرحال حیدرآباد کی تہذیب، علم وادب کی شہرت ہمیشہ سے تھی اور رہے گی۔

اٹھ کہ اب بزم جہاں کا اور ہی انداز ہے
مغرب و مشرق میں تیرے دور کا آغاز ہے

ہماری کئی بہنیں حیدرآباد سے باہر جا چکی ہیں۔ پر پیار تو اسی سرزمین سے ہے وہ کہتی ہیں:

ہم اہل قفس تنہا ہی نہیں ہر روز نسیم صبح وطن
دوں سے معطر آتی ہے اشکوں سے منور جاتی ہے

***

۹

غیر حیدرآبادیوں کی نظر میں ماضی کا حیدرآباد

رحمت اللہ خان سوری

حیدرآباد کا نظارہ کرنے کے ارادے سے ہی خوشی محسوس ہوئی تھی۔ یہاں تک کہ سفر کی کلفتیں بھی محسوس نہیں ہوتی تھیں۔ کاچیگوڑہ یا سکندرآباد اسٹیشن پر اُترتے ہی شخصیت میں افتخار پیدا ہو جاتا تھا اور ایسا معلوم ہوتا تھا کہ میں اب تک کچھ بھی نہیں تھا لیکن اب کچھ ہوں۔ یہ تھی دکنی تہذیب و تمدن کی تاثیر۔ حیدرآباد کے چند دن کے قیام میں چند مقامات کا نظارہ کرنا، چند غذاؤں کا کھانا اور چند چیزوں کا خریدنا بھی پہلے سے طئے کیا جاتا تھا۔ ورنہ اس طرح نہیں کرنے پر تشنگی باقی رہتی تھی۔ وہ مقامات جن کو بارہا دیکھنے پر بھی طبیعت سیر نہیں ہوتی تھی، وہ ہیں چارمینار، مکہ مسجد، باغ عامہ، سالار جنگ میوزیم، چومحلہ اور بہت دور سے فلک نما۔ چارمینار کے پاس ہریس برس کے بارہ مہینے ملتی تھی۔ لذیذ اور کم یاب ہونے کے ناطے ضرور کھائی جاتی تھی پھر لب بند، لب سوز لب ریز چائے کے مزے لئے جاتے۔ پھر چارمینار مکہ مسجد، لاڈ بازار، پتھر گٹی، میر عالم منڈی کی سیر کی جاتی۔ ان مقامات میں گھومتے وقت کوئی وضع دار، مہذب اور باسلیقہ بچے، بوڑھے اور جوان شیروانیوں یا

جھبے پہنے نظر آنے پر رفتہ و گزشتہ تہذیب کی یادیں تازہ ہو جاتی تھیں کہ کیا زندہ دل، خوش مزاج بلند کردار اور خوش اخلاق لوگ تھے جن کو دیکھ کر فرشتے بھی شرماتے تھے۔ یہ وہ تہذیب تھی جس کا تعلق خدا کی رضا جوئی اور روحانی آسودگی سے تھا اور ہے نہ کہ دنیا کی چند روزہ جاہ و حشمت سے تھا اور نہ ہی آسمانوں کو چھونے سے تھا اور نہ ہی جسمانی خوبصورتی سنوارتے رہنے سے تھا۔

میں عالمپور میں پیدا ہوا جو تلنگانہ کے محبوب نگر ضلع میں ہے لیکن بڑا ہوا اور تعلیم پائی کرنول میں۔ بچپن میں چند سال عالم پور میں تھا۔ میرے دادا کے دو بھائی اور دو بہنیں حیدرآباد میں تھیں۔ پھوپا صاحب حیدرآباد کے تھے۔ میرے ایک چچا صاحب عبدالمجید خان سوری مدرسہ فوقانیہ میں مدرس تھے جو چنچل گوڑہ میں رہتے تھے۔ چچا صاحب مجھے بہت چاہتے تھے جس کی وجہ میں بچپن میں بھی ان سے ملنے کیلئے حیدرآباد جایا کرتا تھا اور وہاں کی تہذیب و تمدن سے متاثر ہوتا تھا۔ ۱۹۵۵ء یا ۵۶ میں حیدرآباد میں دو یا تین مہینے رہنے کا اتفاق ہوا تھا۔ ویسے عالمپور میں بھی وہی تہذیب و تمدن اور آداب زندگی کو ملحوظ رکھا جاتا تھا جو حیدرآباد میں رائج تھی۔

مکانوں، گلی کوچوں اور بازاروں میں چیخ و پکار یا بلند آواز سنائی نہیں دیتی تھی۔ یہاں تک کہ مجالس، محافل اور تقاریب میں بھی بلند آواز اور چیخ و پکار سنائی نہیں دیتی تھی۔ بلند آواز نہ انسانوں کے منہ سے نکلتی تھی نہ ساز و سامان کے برتنے سے نکلتی تھی اور نہ ہی سواریوں کے چلنے سے نکلتی تھی۔ نرم اور خوش کلامی، دھیمی اور مصلحت آمیز گفتگو کو تہذیب کی بنیاد یا اہم جز مانا جاتا تھا۔ الصبح خالق کائنات کی کبریائی کی آواز اس خاموشی کو توڑتی تھی۔ صبح نیند سے بیدار ہوتے ہی ہر کوئی ایک

دوسرے کو تم سلامت رہو تم سلامت رہو کہتے ہوئے اٹھتا تھا۔ گھر سے باہر جاتے وقت یا گھر میں داخل ہوتے ہی سلامتی کی پر خلوص صدائیں اس خاموشی کو بہت آہستہ اور نرمی سے توڑتی رہتی تھیں۔ جیسے مکیں کے دل وسیع، عریض اور کشادہ تھے، اسی طرح مکانات بھی کشادہ، وسیع و عریض تھے۔ دالان اور پیش دالان کے نیچے آنگن ہوا کرتے تھے۔ آنگن میں آم، جام، گلاب، انجیر اور پپئی کے درخت ہوا کرتے تھے اور کہیں کہیں مرغی خانے بھی ہوتے تھے جن میں بے انتہا خوبصورت مرغیاں پائی جاتی تھیں جن کے نام اس طرح تھے پیلی متراPly Mouth Rock وائٹ لگھارن، آسٹرلاپ اور روڈ رالس وغیرہ۔ ان گول مٹول اور خوبصورت مرغیوں کو گھنٹوں دیکھنے پر بھی طبیعت سیر نہیں ہوتی تھی۔

دیواریں بلند و بالا کہیں کہیں سیاہی مائل اور سبزے سے ڈھکی ہوئی۔ کہیں کہیں منڈیروں پر ہریالی لہلہاتی نظر آتی تھی۔ کہیں کہیں زخم حیات کے کنگورے دار دبیز خوشنما پتے اور لمبی ٹہنیوں پر گھنڈی نما پیلے پیلے پھول نظر آتے تھے۔ طوطے، مینا، کبوتر اور فاختوں کی آوازوں اور کبھی کوئل کی کوک سے فضا گونجتی تھی۔ گلی کوچوں میں شیروانیوں میں ملبوس خاموشی کے پتلے ایک دوسرے کو آداب وسلام کرتے نظر آتے تھے۔

مکانوں میں صاف ستری چاندنی بچھی رہتی تھی جس پر گاؤ تکیے اور خوش نما پنکھے پڑے رہتے تھے۔ پان دان اور اگالدان بھی نظر آتے تھے۔ ہاون دستے، پن کٹنیاں اور ٹونٹی کے لوٹے استعمال کئے جاتے تھے۔ غریب غربا غیرت سے جیتے تھے اور کبھی کسی سے کچھ مانگنے کو عیب سمجھتے تھے۔ دال روٹی کھٹا کھچڑی میں ہی

مست اور بے نیاز رہتے تھے۔ درون و دل میں جو سوچتے تھے زبان پر وہی لاتے تھے۔ ظاہر و باطن ایک تھا۔ ان اخلاص کے پتلوں کے دل دماغ ڈر اور شک سے خالی تھے۔ اسی روحانی قوت سے چہروں پر نور تھا۔ ایک دوسرے کو دیکھتے ہی یا ملتے ہی ہشاش بشاش ہو جاتے تھے۔ اتنے شگفتہ ہو جاتے تھے گویا کوئی خزانہ مل گیا ہو۔

آدابِ زندگی کے متعلق جہاں تک میں نے غور و خوض کیا تھا طعام نوش فرماتے وقت غذا چبانے کی آواز اور بار بار دانت نظر آنے کو معیوب سمجھا جاتا تھا۔ کبھی کسی کو کہیں تھوکتے ہوئے یا تھوکتے ہوئے یا با آواز ڈکار لیتے ہوئے دیکھا نہیں جاتا تھا۔ خود اپنے مکان میں کسی کو ناک یا کان صاف کرتے ہوئے بھی دیکھا نہیں جاتا تھا۔ چول ہونے پر بے ساختہ کھجاتے اور جمائی لیتے، کسی کو دیکھا نہیں جاتا تھا۔ بچے، جوان اور بوڑھے خود اپنے مکان میں بغیر بنین کے نہیں رہتے تھے۔ یہاں تک کہ معمر حضرات جب کبھی وضو کرنے بیٹھتے وضو ہوتے ہی فوراً قمیض کے کف کو کہنی سے کلائی تک لا کر گھنڈیاں لگا لیتے تھے۔ تھوڑی دیر کیلئے بھی اپنے ہاتھوں کو کہنی سے کلائی تک برہنہ رکھنا گوارا نہیں کرتے تھے۔ یہ تھی غیرت، شرم و حیا۔

فرش پر اس طرح بیٹھتے اُٹھتے تھے کہ چاندنی پر سلوٹ یا شکن تک نہیں پڑتی تھی۔ عورتوں کے سر ہمیشہ ساری کے پلو یا اوڑھنی سے ڈھکے رہتے تھے۔ عورتوں کو کبھی بلند آواز سے ہنستے یا قہقہے لگاتے سنا یا دیکھا نہیں جاتا تھا۔ جب کبھی کسی کو آواز دی جاتی تو جی ممی ابھی آئی جی پپا ابھی آیا کہتے ہوئے بچے فوری آ کر دست بستہ سرنگوں کھڑے ہو جاتے تھے اور دھیمی آواز میں جی جی کہتے ہوئے حکم کی تعمیل کرنے میں خوشی محسوس کرتے تھے۔ اشاروں کنایوں میں گفتگو کرنے یا کانا پھوسی

کرنے کو معیوب سمجھا جاتا تھا۔ اہل خانہ ملازمین، خانساماں اور ہرکاروں سے بھی ادب سے پیش آتے تھے۔ ملازمین کے ہاتھوں سے کبھی کوئی کانچ کا برتن گر کر ٹوٹ جاتا تو چیں بجیں نہیں ہوتے تھے۔ ملازمین اہل خانہ کو بڑے صاب چھوٹے صاب، دلہن پاشاہ دلہے پاشاہ بڑی بی بی وغیرہ پکارتے اور اہل خانہ بھی ملازین کو معروف ناموں سے پکارا کرتے تھے۔ مثلاً بخت آور، برکت، شکریہ، مبارک اور بسمہ اللہ وغیرہ۔

لاڈ بازار میں مسجد کی ملگی میں مقبول بک ڈپو نامی پرانی کتابوں کی دکان ہے جس کے مالک غوث پاشاہ صاحب ہیں۔ یہیں سے میں نے بہت سی اردو کی پرانی کتابیں خریدی تھیں۔ اتوار بازار کے فٹ پاتھ کے کتابوں کے میلے بھی دلچسپ ہوتے ہیں۔ عابڈس میں اردو کے مشہور شاعر مرحوم سید دلاور حسین حزیں صاحب کے فرزند محمد یونس صاحب انگریزی کتابوں کا میلا لگاتے ہیں جس میں اکادکا اردو کی کتابیں بھی رہتی ہیں۔

دکنی تہذیب و تمدن کی تشکیل و تعمیر میں کئی اقوام، مذاہب اور ادوار کا ہاتھ رہا ہے۔ ہند آریائی تہذیب، دراوڑی تہذیب، ایرانی تہذیب، سنسکرت زبان، عربوں، افغانوں، ترکوں اور مغلوں کی آمد، خصوصاً محمد بن تغلق کا انتقال۔ صدر مقام، اورنگ زیب کا دکن میں طویل قیام، بہمنی، قطب شاہی اور آصفیہ دور حکومت اور آخر میں انگریزوں کی تعلیم و طرز معاشرت کے اثرات دکنی تہذیب و تمدن کی تشکیل میں اپنے اپنے اثرات ڈالتے گئے ہیں۔

دکنی تہذیب و تمدن کی تعمیر میں جامعہ نظامیہ حیدرآباد کا بڑا حصہ رہا ہے۔

صوفیوں، سنتوں، بھکیتوں اور اولیائے کرام یعنی حضرت خواجہ معینالدین چشتی رحمت اللہ علیہ، حضرت نظامالدین اولیاء رحمت اللہ علیہ، حضرت خواجہ بندہ نواز گیسو دراز رحمت اللہ علیہ، امیر خسرو رحمت اللہ علیہ اور خصوصاً حضرت باباشرف الدین رحمت اللہ علیہ، حضرت یوسفین رحمت اللہ علیہ، حضرت برہنہ شاہ رحمت اللہ علیہ، حضرت جہانگیر پیراں رحمت اللہ علیہ اور حضرت حسین شاہ ولی رحمت اللہ علیہ، حضرت عبداللہ شاہ صاحب رحمت اللہ علیہ اور حضرت انوار اللہ فاروقی رحمت اللہ علیہ وغیرہ کی خدمات کی وجہ دکنی تہذیب وتمدن آج بھی قائم ودائم ہے

زندگی نام ہے حقیقتوں کو دوہراتے رہنے، بار بار سیکھتے اور کرتے رہنے کا۔ جس طرح دن رات، صبح شام، موسم، خورد ونوش عبادات اور حرکات وسکنات دہرائے جاتے تہیں اسی طرح تہذیب و تمدن کی پشتی بانی کرنے والے اعمال و عادات کو دہراتے رہنے اور اعلیٰ اقدار زندگی کی نگہبانی اور تقلید کرتے رہنے سے معاشرے میں چین و سکون، آسودہ حالی، تہذیب و تمدن اور نیک خصائل قائم رہتے ہیں ورنہ شیطانیت کو سر اٹھانے کے مواقع ملتے ہیں جس سے ڈر اور شک کا ماحول پیدا ہوتا ہے۔ ڈر اور شک سے افراد ہر لمحہ مرتے رہتے ہیں۔ معاشرے میں ایک دوسرے سے بے رخی، سردمہری اور بیزاری Blase Attitude پیدا ہوتی ہے۔ ماضی میں نہ صرف معلمین، مدرسین اور والدین بلکہ سارا معاشرہ کردار سازی کے عمل میں سرگرم رہتا تھا۔

آمدم برسر مطلب حیدرآبادی تہذیب وتمدن کی اساس دین اسلام پر ہی تھی، ہے اور رہے گی۔ معاشرے میں نیکوکاری، حق پرستی، انسان دوستی اور راست بازی

جیسی خوبیاں پائی جاتی تھیں۔ حیدرآبادی تہذیب و تمدن کی سب سے نمایاں خصوصیت ایثار اور نرم و رسیلی آواز میں گفتگو ہے۔ قدرے چیخنا چلانے کو ہی تہذیب کی دھجیاں اڑادینے اور باہمی روابط کو نیست و نابود کر دینے کیلئے کافی سمجھا جاتا تھا۔ ہر نوجوان حسن اخلاق اور حسن سلوک کی وجہ والدین، بھائی بہن رشتہ داروں اور دوست و احباب کی آنکھوں کا نور اور اطمینان قلب کا پیہم رواں چشمہ نظر آتا تھا۔ کوئی بھی فرد زندگی کے شرف و وقار اور شخصیت کے تقدس کو کسی ناجائز و غیر متشرع حرکت سے پامال کرنا گوارا نہیں کرتا تھا۔ جب تک دوسروں کیلئے جیتے تھے تو زندہ دل تھے۔ اب معاشرے کا جو بھی طبقہ خود کے لئے جی رہا ہے، وہ نیم مردہ، خوف زدہ، متشکک اور ایک دوسرے پر اعتماد سے خالی نظر آتا ہے۔

اگر تہذیب و تمدن کا دارومدار ایثار و قربانی پر ہو اور ہر فرد دوسروں کیلئے جیتا ہو تو شر اور غصے کا جذبہ نیست و نابود ہو جاتا ہے۔ جہاں شر اور غصہ نہ ہو، دوسروں کی دل شکنی کا سوال ہی نہ ہو اور ہر آدمی دوسروں کے لئے جیتا ہو، دوسروں کی حفاظت آرام، ترقی اور خوشی کو اپنی خوشی اور ترقی پر ترجیح دیتا ہو تو پھر کہاں کی پولیس، کہاں کے وکیل، کہاں کی جیل، کہاں کے دواخانے کہاں موت کاڈر اور کہاں کی دوزخ۔

ابھی بھی حیدرآباد میں ایسے نوجوان ہیں جو ہوٹلوں میں ٹھی ٹھی ٹھاٹھا کرتے گپے مارتے نہیں بیٹھتے، لڑکیوں پر للچاتی نظریں نہیں ڈالتے، مفت خوری اور دعوتوں کے متمنی نہیں رہتے۔ ماں باپ، خاندان اور معاشرہ پر بوجھ نہیں بنتے اور اوروں کی کمائی پر تکیہ نہیں کرتے بلکہ روزانہ سولہ گھنٹے کام کرتے ہیں، تعلیم اور ہنر و فن کے

حصول میں کمال و مہارت پاتے ہیں۔ اللہ کے حقوق ادا کرتے رہتے ہیں۔ زمین پر گردنیں جھکائے ہوئے نگاہیں نیچی کئے ہوئے نرمی سے چلتے ہیں، بڑوں کی تعظیم کرتے ہیں، چھوٹوں سے شفقت سے پیش آتے ہیں، گرتوں کو اٹھاتے ہیں۔

***

۱۰

سابق ریاست حیدرآباد کا کلچر: میر معظم حسین

ڈاکٹر سید داؤد اشرف

ریاست حیدرآباد یا مملکت آصفیہ کے حکمرانوں، امراء اور ممتاز شخصیتوں اور اس دور کی تاریخ کے مختلف پہلوؤں پر مجھے میر معظم حسین سے متعدد نشستوں میں سیر حاصل گفتگو کا موقع ملا تھا۔ اس گفتگو کے دوران سابق ریاست حیدرآباد کا کلچر بھی موضوع بحث رہا۔ معظم حسین جو ایک بلند پایہ دانشور بھی تھے، ثقافت اور تہذیب کے رشتوں پر گہری نظر رکھتے تھے۔ ان کے خیالات جاننے سے اندازہ ہوا کہ حیدرآباد کا کلچر مختلف ہونے اور اپنی مخصوص شناخت رکھنے کے باوجود برصغیر ہندوستان کی مشترکہ تہذیب ہی کا جزو تھا۔ جزو ہی نہیں بلکہ اس تہذیب کا حقیقی جوہر بھی تھا۔ یہاں ہندوستان کی ملی جلی تہذیب کا دریا ایک کوزہ میں بند ہو گیا تھا۔ اس مضمون میں ریاست حیدرآباد کے کلچر کے بارے میں معظم حسین کے خیالات اور تاثرات پیش کیے جارہے ہیں۔

حیدرآباد کا کلچر بالکل ہی مخصوص (Distinctive) کلچر رہا ہے۔ کلچر پر گفتگو کرنے سے قبل ہمیں کلچر اور سیویلائزیشن میں فرق کرنا چاہیے۔ سیویلائزیشن

ہندوستان کا ہے اور کلچر حیدرآباد کا ہے۔ حیدرآباد کا کلچر ہندوستان کے سیویلائزیشن کا ایک اہم جزو ہے اور ظاہر ہے کہ جزو کل سے علاحدہ اور الگ نہیں ہو سکتا۔ کلچر کی تعریف اس طرح کی جا سکتی ہے Culture is a measurement of depth۔ کلچر سے مراد رسم و رواج، حرکات، بول چال، ملنے کے طریقے، مہمان نوازی، کھانے، وغیرہ ہیں۔ حیدرآباد کا ایک مخصوص اور منفرد کلچر اور طرز زندگی صدیوں میں پھلا پھولا تھا۔ حیدرآباد کے کلچر کو مغلوں اور مسلمانوں سے ملایا جاتا ہے۔ حیدرآباد کا کلچر مسلمانوں کا کلچر نہیں ہے۔ در اصل اسے بہمنیوں، وجیانگر، ورنگل (کاکتیہ)، مغلوں، قطب شاہوں اور آصف جاہوں سے ملانا چاہئے۔ ان سب سے بڑھ کر یہ کلچر یہاں کے لوگوں کے باہمی میل جول کے نتیجے میں پیدا ہوا تھا۔

حیدرآباد کے کلچر کو گنگا جمنی کلچر اور کاسموپالیٹن کلچر کے نام سے یاد کیا جاتا ہے۔ حیدرآباد میں ہندو، مسلمان، سکھ، پارسی ایک دوسرے سے الگ اور دور نہیں تھے بلکہ وہ ایک دوسرے سے قریب تھے۔ یہاں پر ہر مذہب اور فرقے کے لوگ ایک دوسروں کی عیدوں، تہواروں، تقریبوں، خوشیوں اور دُکھوں میں شریک ہوتے اور حصہ لیتے تھے۔ یہاں کا ماحول، دوستی، خلوص، وسیع القلبی اور باہمی مدد و تعاون سے عبارت تھا۔ یہاں یک جہتی فطری اور خود رو تھی۔

حیدرآباد کے کلچر کی اپنی ایک انفرادیت اور خصوصیت تھی۔ حیدرآباد کے کلچر کی خصوصیت اتنی نمایاں تھی کہ دُنیا کے کسی بھی حصے میں ایک حیدرآبادی کو اس کے طور طریقوں، بول چال اور رہن سہن کی وجہ سے بہ آسانی پہچان لیا جاتا

تھا۔ جہاں تک سیویلائزیشن کے وسیع تر حدود اور معنوں کا تعلق ہے، حیدرآباد کے کلچر کی خصوصیات ہندوستان سے مختلف نہ تھیں۔ حیدرآباد میں ہندوستان کے مختلف حصوں سے لوگ آئے۔ خصوصیت کے ساتھ ۱۸۵۷ء کی جنگ آزادی کے بعد شاعروں، ادیبوں، عالموں، دانشوروں، نظم و نسق کے ماہروں اور سپاہیوں کے لئے حیدرآباد مقناطیسی کشش رکھتا تھا۔

حیدرآباد نے باہر سے آنے والوں کو خوش آمدید کہا اور آنے والوں میں سے اکثر یہیں کے ہو رہے۔ حیدرآباد میں انیسویں صدی کے دوسرے نصف میں پرانے جاگیردارانہ ڈھانچے میں واضح طور پر تبدیلیاں آ رہی تھیں۔ اہم عہدوں پر اب اعلیٰ طبقے اور قدیم امراء کی اجارہ داری باقی نہیں رہی تھی۔ تعلیم یافتہ متوسط طبقے نے ان کی جگہ لینی شروع کر دی تھی۔ سالار جنگ اول کی ریجنسی کے دور (۱۸۶۹ء تا ۱۸۸۳ء) میں اس سلسلہ کا آغاز ہوا۔ سالار جنگ اول نے نظم و نسق کے ماہرین اور تجربہ کار لائق افراد کو ہندوستان کے مختلف حصوں سے طلب کیا تھا تاکہ جدید حیدرآباد کی تعمیر کے لئے دور رس اصلاحات نافذ کی جا سکیں۔

انیسویں صدی کے آخر میں اور آصف سابع کی حکمرانی کے ابتدائی دور میں یہ تبدیلی ابتدائی مراحل طئے کر چکی تھی۔ اُبھرتا ہوا متوسط طبقہ اقتدار کے مراکز اور با اثر سوسائٹی پر اثر انداز ہونے لگا تھا۔ اس طرح حیدرآباد میں اعلیٰ متوسط طبقہ نمایاں ہوا۔ اس طبقے سے تعلق رکھنے والے چند اصحاب ایسے تھے جو کسی اور مقام اور علاقے کے بہترین افراد کے ہم پلّہ تھے۔ اس طبقے سے تعلق رکھنے والے کئی خاندان ایسے تھے جو بیرون ریاست سے حیدرآباد آئے تھے اور جنھوں نے حیدرآباد کو اپنا

وطن ثانی بنالیا تھا۔

اگر ریاست حیدرآباد کے آخری سو سال کا جائزہ لیا جائے تو پتہ چلے گا کہ یہاں تعصب نہیں تھا۔ تعصب بیرون حیدرآباد کی چیز ہے۔ پہلی جنگ عظیم (۱۹۱۴ء تا ۱۹۱۸ء) کے بعد حیدرآباد میں جو Interactions ہوئے، ان سے تعصب پیدا ہوا اور بڑھتا گیا۔ اس سے قبل یہاں تعصب کی بو باس بھی نہیں تھی۔ ریاست حیدرآباد کے امراء کے گھرانوں میں یک جہتی اور رواداری کی روایات بڑی عام اور مستحکم تھیں۔ نواب فخر الملک بہادر (جناب میر معظم حسین کے دادا) کی رہائش گاہ ایرم منزل میں مسلمانوں کے علاوہ سکھ تھے، روہیلے تھے اور اچھوتوں کے مکانات پر مشتمل ایک گاؤں تھا۔ بچوں کی تربیت کے لئے انگریز Governesses مقرر تھیں۔ فخر الملک کی جاگیر کے حسابات دیکھنے جو محاسب مقرر تھے، وہ تمام کے تمام ہندو تھے۔ فخر الملک بہادر کے مہاراجا سر کشن پرشاد، شیوراج بہادر اور فرید الملک بہادر کے ساتھ برادرانہ تعلقات تھے۔

حیدرآباد میں ہندو۔ مسلم اختلافات جیسی کوئی چیز نہیں تھی۔ حیدرآباد کا ایسا کلچر رہا ہے کہ یہاں سب گھل مل کر رہے۔ دراصل تعصب کی لعنت باہر سے آئی اور وہ بھی ریاست حیدرآباد کے آخری دور میں۔ ایرم منزل میں جس طرح عید الفطر، بقر عید، محرم اور رجب کی تقاریب منائی جاتی تھیں، اسی طرح دیوالی، دسہرہ اور ہولی کے تیوہار بھی منائے جاتے تھے۔ ایرم منزل کی دیواروں سے ہولی کا رنگ صاف کرنے میں کئی کئی دن لگ جاتے تھے۔ یہاں Christmas Tree کی تقریب بھی منعقد ہوتی تھی اور کرسمس Carols بھی گائے جاتے تھے۔ حیدرآباد

کے دیگر امراء کے گھرانوں میں بھی یہ روایات موجود تھیں۔

مہاراجا سرکشن پرشاد باہمی میل ملاپ اور یک جہتی کے علم بردار تھے۔ مہاراجا کے علامہ اقبال اور دوسرے بہت سے ممتاز ادیبوں اور شاعروں سے قریبی تعلقات تھے۔ نواب عماد الملک بہادر، ان کے افراد خاندان، سر اکبر حیدری اور فرید الملک وغیرہ میں تعصب بالکل نہیں تھا۔ حیدرآباد میں ۱۹۴۰ء کے بعد تعصب کی لعنت میں اضافہ ہوا۔ اصل میں یہ زہر ملک اور ریاست حیدرآباد میں انگریزوں کا پھیلایا ہوا تھا۔

حیدرآباد کے کلچر اور اس کے عناصر پر بات چیت کرتے ہوئے میر معظم حسین نے حکمران ریاست اور امراء کے چند واقعات بیان کئے جن سے حکمراں ریاست اور امراء کے گھرانوں کی رواداری، وسیع القلبی، وضع داری، دادودہش اور اُصول پسندی کا بخوبی اندازہ کیا جاسکتا ہے۔

نواب میر عثمان علی خان کی تعلیم کے لئے جب کہ وہ ریاست کے ولی عہد تھے، بیرون ریاست سے ایک لائق شخص کو طلب کیا گیا تھا۔ حکمراں ریاست نواب میر محبوب علی خان آصف سادس نے انٹرویو کے بعد انھیں عثمان علی خان کے اتالیق کی حیثیت سے منتخب کرلیا۔ جب منتخب اتالیق دربار سے واپس ہورہے تھے تو انھوں نے آصف سادس سے کہا کہ یہ بات مناسب نہیں کہ آصف سادس کے باورچی خانے پر ہندو مہتمم مقرر رہے۔ آصف سادس کو یہ بات بہت بُری لگی اور انھوں نے ناراض ہوکر ان کا انتخاب منسوخ کردیا۔

جناب معظم حسین کے بیان کردہ ایک واقعہ سے نواب فخر الملک بہادر کی

وسیع النظری اور کشادہ دِلی کا اظہار ہوتا ہے۔ یہ واقعہ کچھ اس طرح ہے۔ نواب محسن الملک کے چھوٹے بھائی مولوی امیر حسن نے جو ریاست حیدرآباد میں اول تعلقدار کے عہدے پر فائز رہ چکے تھے، ایک دفعہ نواب فخر الملک سے ملاقات کی۔ اس موقع پر مرزا آغا حیدر حسن ان کے ساتھ تھے۔ مولوی امیر حسن نے نواب فخر الملک سے لکھنؤ کے شیعہ کالج کے لئے چندہ مانگا۔ اس پر فخر الملک برہم ہو گئے اور کہا "مولوی صاحب! اگر آپ مسلم کالج کے لئے چندہ مانگتے تو میں ضرور چندہ دیتا۔ میں یہ تفرقہ ماننے کے لئے تیار نہیں ہوں"۔ مولوی صاحب وہاں سے فوراً واپس ہو گئے۔ کیونکہ نواب فخر الملک ان کے مطالبہ پر ناراض ہو گئے تھے۔

جناب معظم حسین سے یہ واقعہ سننے کے بعد مجھے اسی نوعیت کے دو واقعات یاد آئے اور میں نے حسب ذیل واقعات انھیں سنائے۔۔۔

جب سر سید احمد خان علی گڑھ میں اقامت خانے کا نقشہ تیار کروا رہے تھے تو انھوں نے اس کے احاطے میں شیعہ، سنی طلبہ کے لئے دو علاحدہ مسجدیں بنوانے کا اِرادہ ظاہر کیا تھا۔ اس سلسلہ میں سر سید نے نواب عماد الملک سے صلاح مشورہ کیا۔ عماد الملک نے اس تجویز کی سخت مخالفت کی اور سر سید سے کہا کہ اگر وہ بھی شیعہ، سنی طلبہ سے ایک مسجد میں نماز نہ پڑھوا سکیں تو یہ بڑی عجیب بات ہوگی اور جب یہ طلبہ یہاں سے تعلیم پا کر نکلیں گے تو ان کے مشن کا کیا حال ہوگا۔ سر سید نے فوراً دو مسجدیں تعمیر کروانے کا اِرادہ ترک کر دیا۔

نواب عماد الملک کے بھائی شمس العلماء سید علی بلگرامی کو لکھنؤ سے ایک بڑے بارسوخ دوست نے آل انڈیا شیعہ کانفرنس کی صدارت کے لئے مدعو کیا۔ سید علی

بلگرامی نے جواب دیا کہ وہ اس قسم کی کانفرنس کو پسند نہیں کرتے۔ مسلمانوں کے لئے ایک آل انڈیا ایجوکیشنل کانفرنس موجود ہے۔

میر معظم حسین نے مہاراجا سر کشن پرشاد کا بھی ایک واقعہ بیان کیا تھا جس سے وضع داری کے علاوہ چھوٹوں سے ان کے مشفقانہ رویے کا اندازہ ہوتا ہے۔ یہ واقعہ نظام کالج میں کمال یار جنگ ریڈنگ روم کے افتتاح سے متعلق ہے۔ چونکہ یہ ریڈنگ روم کمال یار جنگ کے نام سے قائم کیا جانے والا تھا، اس لئے ان ہی سے اس کے افتتاح کی درخواست کی گئی تھی، مگر انھوں نے کہا کہ اس ریڈنگ روم کا افتتاح مہاراجا کشن پرشاد سے کروایا جائے۔ اُس وقت میر معظم حسین نظام کالج کے کالج کیپٹن تھے، اس لئے وہ مہاراجا کے پاس گئے۔ اُس وقت مہاراجا کی طبیعت ناساز تھی، اس لئے انھوں نے معذرت چاہی۔ اس ملاقات کے موقع پر اور بھی لوگ موجود تھے۔ اس لئے مہاراجا نے کاغذ کے ایک ٹکڑے پر یہ لکھ کر معظم حسین کو دیا "دستار اُتار دیجئے آپ ہمارے ہیں"۔ معظم حسین نے کہا "یہ ہو ہی نہیں سکتا، یہ ہمارے خاندانی طریقے ہیں"۔

ریڈنگ روم کی افتتاح کی دعوت قبول کرنے پر اصرار کرتے ہوئے میر معظم حسین نے کہا کہ وہ در اصل اپنے پھوپھا (کمال یار جنگ) کی خواہش پر انھیں مدعو کرنے آئے ہیں۔ اس پر مہاراجا نے ریڈنگ روم کے افتتاح کی دعوت قبول کرلی۔ مہاراجا مقررہ وقت پر نظام کالج پہنچے اور ریڈنگ روم کے افتتاح کے بعد ایٹ ہوم میں بھی شریک ہوئے۔ ایٹ ہوم میں معظم حسین نے کھانے کی جو اشیاء پیش کیں، مہاراجا نے ان کا دِل رکھنے کے لئے ان تمام چیزوں کو چکھا، حالانکہ اُس وقت ان کا

مزاج ناساز تھا۔

نواب میر یوسف علی خان سالار جنگ سوم آرٹ کے سچے قدردان تھے۔ شاعروں، ادیبوں اور نایاب اشیاء کے تاجروں، سیاست دانوں، ہندوؤں اور مسلمانوں سے ان کے قریبی مراسم تھے۔ ہندوؤں اور مسلمانوں میں وہ کبھی فرق نہیں کرتے تھے۔ سخاوت اور داد و دہش حیدرآباد کے امراء کی ایک نمایاں خصوصیت تھی۔ اصل میں یہ امراء چھٹے آصف جاہی حکمران نواب میر محبوب علی خان کی روایت پر عمل پیرا تھے۔ سالار جنگ سوم جب دیوڑھی سے باہر نکلتے، اُس وقت سیڑھیوں کے پاس ضرورت مند لوگ کھڑے رہتے تھے۔

سالار جنگ اپنے شاگرد پیشہ ملازم کو دھیمی آواز میں وہاں موجود لوگوں کو پیسے دینے کی ہدایت کے بعد ہی موٹر میں سوار ہو کر باہر نکلتے تھے۔ یہ ان کا روز کا معمول تھا۔ آزادی سے قبل جب جے این چودھری جونیئر آفیسر کی حیثیت سے بلارم پر متعین تھے تو وہ اکثر سالار جنگ کے پاس لنچ کھایا کرتے تھے۔ سالار جنگ سوم کے انتقال پر ہندو۔ مسلمان زار و قطار رو رہے تھے۔ اس پر وہاں موجود کسی اہم شخصیت نے کہا تھا "یہ تھی حیدرآباد کی تہذیب"۔

جناب معظم حسین ریاست حیدرآباد میں دیگر اعلیٰ خدمتوں پر فائز رہنے کے علاوہ مال و پولیس کے صدر الہام (وزیر) گرگن کے پرسنل اسسٹنٹ بھی رہے۔ گرگن ملک کو آزادی ملنے سے کچھ پہلے ریاست حیدرآباد سے واپس ہوتے ہوئے راز کے کاغذات تلف کر دینے کے لئے اپنے با اعتماد اسسٹنٹ جناب معظم حسین کے حوالے کئے تھے۔ وہ جب ان کاغذات کے ڈھیر میں سے ایک ایک کاغذ پڑھ کر نذر

آتش کر رہے تھے، گرگن کی ایک رپورٹ کی نقل ان کے ہاتھ لگی جو گرگن نے لارڈ ڈیول وائسرائے ہند کے ملاحظے کے لئے حکومت ہند کو روانہ کی تھی۔

اس رپورٹ میں ریاست حیدر آباد کے نظم و نسق کے مفصل خاکے کے علاوہ اعلیٰ عہدیداروں کی خدمات اور ان کی کارکردگی کے بارے میں بھی رائے درج تھی۔ چونکہ یہ ایک انگریز وزیر کی بھیجی ہوئی راز کی رپورٹ تھی، اس لئے جناب معظم حسین نے اسے توجہ سے پڑھنا شروع کیا۔ انھیں اپنے والد رئیس جنگ کی خدمات اور کارکردگی کے بارے میں توصیفی اور ستائشی کلمات پڑھ کر فخر کا احساس ہوا۔ ان کاغذات کو بھی نذر آتش کر دینے سے قبل انھیں یہ خیال آیا کہ کیوں نہ یہ کاغذات والد محترم کو دکھائے جائیں۔ ان کے والد کا یہ معمول تھا کہ وہ ہر روز شام کچھ وقت معظم حسین صاحب کے گھر پر گزارا کرتے تھے۔ چنانچہ شام کو جب وہ وہاں آئے، جناب معظم حسین نے راز کی رپورٹ میں ان کے (والد محترم) بارے میں لکھی ہوئی رائے انھیں دکھانے کی کوشش کی۔

عہدیدار بالا کے احکام پر راز کے کاغذات تلف کر دینے کی بجائے انھیں دکھانے کی کوشش پر معظم حسین کے والد محترم بہت برہم ہوئے اور کہا کہ مجھے سخت رنج ہے کہ میرے بیٹے سے یہ حرکت سرزد ہوئی ہے اور اس نے اپنے عہدیدار بالا کے بھروسے کو ٹھیس پہنچائی ہے۔ انھوں نے رپورٹ میں درج رائے پڑھنے کی زحمت گوارا نہ کی اور باورچی خانے میں جا کر ان کاغذات کو نذر آتش کر دیا۔

امراء کے گھرانوں کی ان صحت مند روایات کے ماحول کا عام لوگوں کی زندگی

پر اثر انداز ہونا ناگزیر تھا۔ ریاست حیدرآباد میں ۵ محرم کو جو لنگر نکلتا تھا، اس میں حکمران، امیر، غریب، ہندو، مسلم سب شریک ہوتے تھے۔ مدرسوں اور کالج کے ہندو۔ مسلم طلبہ میں باہمی محبت اور خلوص تھا۔ ان میں دُوری اور نفرت کا جذبہ نہیں تھا۔ اساتذہ قابل اور لائق تھے اور وہ شاگردوں سے اپنی اولاد کی طرح برتاؤ کرتے تھے۔ ہندو۔ مسلم عہدیداروں میں گہرے دوستانہ مراسم تھے۔ غرض، سارا ماحول تعصب کی بُرائی سے پاک تھا۔

***

۱۱

از حیدرآباد تا دلّی

مرزا فرحت اللہ بیگ

ایک انگریزی مثل ہے کہ "بعض واقعات قصہ کہانیوں سے بڑھ جاتے ہیں" حیدرآباد چلتے وقت مجھے سان گمان بھی نہ تھا کہ ایسا کوئی واقعہ خود مجھے پیش آنے والا ہے۔

۳۶ گھنٹے کے لگاتار سفر سے وحشت تو ضرور تھی مگر یہ کیا خبر تھی کہ راستہ میں یہ وحشت دہشت کا رنگ اختیار کر لے گی۔ ۲۷/ نومبر کو گھر سے چلا اسٹیشن پر یار دوست چھوڑنے آئے۔ گھنٹی بجی گارڈ نے سیٹی دی۔ انجن نے چیخ ماری۔ پہیوں نے گردش کی۔ گاڑی چلی اور ہم حیدرآبادی سے دلی والے بننے شروع ہو گئے۔ بعض دوستوں نے دور ہی سے سلام علیکم کھینچ ماری۔ بعض ریل کے ساتھ ساتھ چلتے اور ہاتھ ملاتے رہے۔ مگر کہاں تک۔ ذراسی دیر میں "ایک میں تھا ایک خدا کی ذات تھی" معلوم نہیں مسافروں کو مجھ سے کیا دشمنی تھی کہ ایک بھلا آدمی بھی میرے درجہ میں نہیں آیا اور حیدرآباد سے لگا کر دہلی تک میں رہا اور چار قدم لمبا اور تین قدم چوڑا درجہ۔ بعض مسافر ایسے بھی ہوتے ہیں جو خالی درجہ پا کر خوش ہو جاتے

ہیں۔ لیکن ان کو اگر وہ واقعہ پیش آئے جو مجھے پیش آیا ہے تو یقین مانیئے کہ وہ خالی درجہ میں بیٹھنے سے اتنا ہی ڈریں جتنا یو۔ پی کے زمیندار آج کل نئے قانون اراضی سے ڈر رہے ہیں۔

ہاں۔ صاحب تو خیر گاڑی چلی، ہم کھڑکی میں سے جھانکتے اور دیکھتے رہے کہ فلاں صاحب کا گھر سامنے سے گزر گیا۔ فلاں صاحب کا بنگلہ نکل گیا۔ خیریت آباد کا اسٹیشن آیا۔ حسین ساگر جنکشن آیا اور گھِس گھِس، گھِس گھِس کر کے ریل سکندرآباد پہنچ ہی گئی۔ کہنے کو تو یہ گاڑی گرانڈ ٹرنک اکسپرس کی دم ہے۔ مگر شاید ہی کوئی اسٹیشن ہو گا جہاں یہ ستانہ لیتی ہو۔ شوال کی پانچویں شب تھی۔ تھوڑی دیر میں چاندنی غائب ہو گئی۔ اس لئے ناچار کچھوے کی طرح گردن کھڑکی کے اندر کر لی۔ جھلملیاں چڑھا دیں۔ بستر پر سے کوئلہ کے ریزوں کو جھٹکا اور چادر اوڑھ سونے کی تیاری کی۔ مگر جو شخص رات کے گیارہ بجے سوتا ہو۔ اس کو بھلا نو بجے نیند کیوں آنے لگی۔ تھوڑی دیر لوٹے پوٹے۔ خیال آیا کہ اوہو ابھی تک نماز تو پڑھی ہی نہیں۔ لاو وہ بھی پڑھ لیں۔ غسل خانہ میں جا کر وضو کیا اور نماز کو کھڑے ہو گئے مگر ریل کے جھٹکوں کی وجہ سے بیٹھ جانا پڑا۔ خیر نماز تو ہو گئی مگر کیسی ہوئی اللہ ہی بہتر جانتا ہے۔ کتاب اُٹھائی کہ شاید پڑھنے ہی میں کچھ وقت کٹ جائے مگر سمجھ ہی میں نہیں آیا کہ اس میں لکھا کیا ہے۔ اس وقت خیال آیا کہ یار اگر اس وقت افیم ساتھ ہوتی تو مزا آ جاتا۔ میں اوپر کے درجہ میں سفر کرنے والوں کو صلاح دیتا ہوں کہ وہ سفر میں اپنے ساتھ افیم کی دو چار گولیاں رکھ لیا کریں تا کہ اگر سفر دور کا ہو اور درجہ خالی ملے تو یہ گولیاں "داشتہ آید بکار" بن سکیں۔ جعفر زٹلی فرماتے ہیں "گندم اگر

بہم نرسد بھس غنیمت است" سوچ کہ لاؤ افیم نہ سہی سگریٹ ہی سے اس کمی کو پورا کریں۔ ڈبہ پاس تھا۔ کھولا اور سگریٹ پر سگریٹ دھنکنے شروع کئے۔ لیکن اس کے دھوئیں نے دماغ میں وہ خشکی پیدا کی کہ رہی سہی نیند اور بھی اُڑ گئی۔ دس بجے قاضی پیٹ پہنچے۔ وہاں ہماری گاڑی گرانڈ ٹرنک اکسپرس میں جڑنے والی تھی اور اس گاڑی کے آنے میں دیر تھی۔ اس لئے پلیٹ فارم پر ٹہلنا شروع کیا مگر یہ چہل قدمی چالیس قدم کے اندر ہی رہی۔ کیونکہ جانتے تھے کہ ذرا اِدھر اُدھر ہوئے اور مال دوستوں کا ہو گیا۔ خدا خدا کر کے مدراس کی گاڑی آئی اور ہم مشرق کی بجائے شمال کی طرف چلنے شروع ہوئے۔

یہاں جس حصہ ملک میں سے ریل گزرتی ہے اس میں انسانوں سے زیادہ جانور آباد ہیں اور چونکہ وہ مسافروں کو اُتارنے چڑھانے بہت کم آتے ہیں اس لئے یہ اسٹیشن اکثر سنسان کف دشت میدان بنے رہتے ہیں۔ ہاں اگر کبھی کوئی شیر یا چیتا ادھر آنکلتا ہے تو ذرا چہل پہل ہو جاتی ہے۔ بہر حال ریل چلتی رہی اور ہم بنچ پر لوٹ مارتے رہے۔ اسٹیشن آتا تو کھڑکی کھول کر ذرا جھانک لیتے اور اگر کوئی اللہ کا بندہ نظر آجاتا تو اس سے پوچھ بھی لیتے کہ "بھئی یہ کونسا اسٹیشن ہے" مگر وہ ذات شریف کچھ ایسے لہجہ میں جواب دیتے کہ اس کا سمجھنا ہماری عقل سے باہر ہوتا۔ خدا خدا کر کے رات کے چار بجے بلہار شاہ اسٹیشن آیا اور اس وقت ذرا طبیعت بحال ہوئی کہ چلو اب صبح قریب ہے اور کچھ نہیں تو کم سے کم آدمیوں کی شکلیں تو دکھائی دیں گی۔ کوئی گھنٹہ ڈیڑھ گھنٹہ بعد پو پھٹی۔ مشرق کے کنارے سرخ ہوئے اور پھٹ سے صبح ہو گئی۔۔ اس روز صبح ہونے کی جس قدر خوشی مجھے ہوئی ہے وہ بیان نہیں ہو سکتی۔ رات

کی ساری کلفت دور ہو گئی۔ میں اکثر سوچا کرتا تھا کہ شاعر شب فراق اور عالم تنہائی کا رونا اس قدر روتے ہیں مگر جب دیکھو تو تازہ دم مونچھوں پر تاؤ دیتے نظر آتے ہیں۔ ریل میں اس رات کے گزارنے کے بعد یہ مسئلہ باسانی حل ہو گیا اور پتہ چلا کہ واقعی شب فراق ان بیچاروں پر سخت گزرتی ہے مگر صبح کی آمد پھر ان کو جیسے کا ویسا کر دیتی ہے۔ کوئی آٹھ ساڑھے آٹھ بجے واردھے کا اسٹیشن آیا۔ آج کل اس اسٹیشن نے ریل کی آمدنی بہت بڑھادی ہے۔ ذرا کہیں کچھ گڑبڑ ہوئی اور چل مرے یار واردھے کو۔

یہاں ہم نے وہ کنکنا بادامی رنگ کا پانی پیا جس کو عرف عام میں چائے کہا جاتا ہے۔ کوئی بیس برس کی بات ہے کہ ہمارے محلہ میں ایک شخص کافی بیچنے آتا اور بڑے سخت لہجہ میں آواز لگایا کرتا تھا کہ "کافی ایٹ گرم" چنانچہ اس کا نام ہی "کافی ایٹ" پڑ گیا تھا۔ خوب بکری ہوتی تھی مگر خدا معلوم کیا بات ہوئی کہ اس نے یہ چلتا ہوا دھندا چھوڑ ہمارے ہاں نوکری کر لی۔ ایک دن سب نے اس سے فرمائش کی کہ کافی بناؤ اس نے پانی دیگچی میں چڑھا خدا معلوم کیا کیا الا بلا ڈال کافی بنا، ہمارے سامنے لا رکھی۔ آپ یقین مانیئے کہ اس کافی کے تھے تو دس بارہ اجزاء مگر اس میں بُن نام کو نہیں ہے۔ اس نمونہ کی وہ چائے ہوتی ہے جو اسٹیشنوں پر ملتی ہے اور زہر مار کی جاتی ہے۔ میں پالیٹکس سے ہمیشہ دور رہتا ہوں مگر خبر نہیں کہ یہ وادرھے کی چائے کا زور تھا یا وہاں کی آب وہوا کا اثر کہ ایک دفعہ ہی میرے خیالات پولٹیکل ہو گئے اور ان خیالات کا وہ زور بندھا کہ بڑی مشکل سے یہ زور ساڑھے نو بجے ناگپور کے سنتروں کی ترشی سے اُترا۔ میں ہر اس مسافر کو جو ناگپور سے گذرتا ہے

آگاہ کئے دیتا ہوں کہ اسٹیشن پر سنتروں کی جو ٹوکریاں بکنے آتی ہیں ان کو ذرا دیکھ بھال کر لیا کریں۔ ورنہ بھئی وہ جانیں اور ان کا کام جانے۔ انگریزی کی ایک مثل ہے کہ "ہر وہ چیز جو چمکتی ہے سونا نہیں ہوتی۔" اسی طرح سمجھ لو کہ ہر وہ چیز جو ان ٹوکریوں میں ہوتی ہے سنترہ نہیں ہوتی۔ ہم نے یہی ایک ٹوکری خریدی پہلے بارہ آنے مانگے گئے۔ آخر جب ریل چلنے لگی تو دو آنہ پر تصفیہ ہوا۔ چلتی گاڑی سے ہم نے دوانی باہر پھینکی اور اس نے سنتروں کی ٹوکری اندر لڑھکا دی۔ ٹوکری میں سے جو سنترے نکلے وہ بس دیکھنے کے قابل تھے۔ کھانے کے کام کے تو تھے نہیں۔ ہاں خاصہ بھلا چنگا آچار تھا اوپر کی تہ ذرا اچھی تھی۔ سوچے کہ چلو دو آنے میں چھ سنترے ہی کیا بُرے رہے۔ ایک کو چھیلا پھانک کو صاف کیا۔ بیج نکال کر پھینکے۔ پھانک منہ میں رکھی اس کے بعد کچھ نہ پوچھو کہ کیا ہوا۔ بس یہ سمجھ لو کہ کھٹاس افعل التفضیل کے صیغہ کے ساتھ منہ میں داخل ہو گئی۔ گھبراہٹ میں بغیر سوچے سمجھے کلی کی۔ نتیجہ یہ ہوا کہ دانت بیکار ہو گئے۔ ذوق مرحوم فرماتے ہیں۔ دشنام ہو کہ ترش وہ مجھ کو ہزاروں یہ وہ نشہ نہیں جسے ترشی اتار دے اگر جاڑے مں استاد مرحوم ناگپور کے سنترے کھاتے تو ہر گز یہ شعر نہ کہتے ذرا میں بھی تو دیکھوں کہ وہ کونسے عاشق ہیں جو جاڑے میں ناگپور کے سنترے کھائیں اور اس ترشی سے ان کا نشہ عشق ہرن نہ ہو جائے۔

ناگپور سے آگے جو اسٹیشن پڑتے ہیں ان کو معناً اس لئے تو اسٹیشن کہا جا سکتا ہے کہ وہاں گاڑی ٹھہرتی ہے ورنہ بغیر دوربین کے ان کو دیکھنا کچھ آسان کام نہیں ہے۔ ہاں سنترے ہر جگہ ملتے ہیں اور خدا کے فضل سے کھائے بھی جاتے ہیں بھلا ناگپور

کے سنتروں کا مزہ چکھنے کے بعد میری کیا ہمت ہو سکتی تھی کہ ان کے خریدنے کا خیال بھی دل میں لا سکتا اس لئے دور ہی سے ان کا نظارہ کرتا اور کھانے والوں کے کام و دہن کی تعریف کرتا رہا۔ وقت کسی طرح کاٹے نہ کٹتا تھا اس لئے ناول نکالا۔ ایک آدھا صفحہ پڑھا تھا کہ پان کا خیال آیا یہ کچھ عجیب بات ہے کہ جب تک پان منہ میں نہ ہو میں نہ کچھ لکھ سکتا ہوں اور نہ پڑھ سکتا ہوں۔ دانتوں کی حالت مجھے معلوم تھی۔ لیکن مرتا کیا نہ کرتا۔ ڈبیا میں سے پان نکالا۔ ڈرتے ڈرتے منہ میں رکھا۔ پان منہ میں رکھنا تھا کہ دانت "کِر کِر" کرنے لگے آخر پوپلوں کی طرح منہ چلایا۔ تھوڑی دیر میں ترشی کا اثر ذرا دور ہوا اور پڑھنے میں دل لگنے لگا۔ کوئی بارہ ساڑھے بارہ بجے ہوں گے کہ پیٹ نے فریاد بلند کی کہ "بیارید ہرچہ دارید" کھانے کی گاڑی ریل میں لگی ہوئی تھی دوسرے ہی اسٹیشن پر کھانا منگوایا۔ یہ تو خدا ہی کو خبر ہے کہ اس میں تھیں کیا کیا چیزیں مگر بھوک کا وہ زور تھا کہ "زر خوردن" کی گردان کرتے کرتے ساری رکابیاں صاف کر دیں۔

اس کے بعد اطمینان ہوا، پان کھایا، سگریٹ سلگایا اور ناول پڑھنا شروع کیا۔ پانچ بجے کے قریب اٹارسی پہنچے۔ یہاں خوب ڈٹ کر چائے پی۔ ہوشنگ آباد پہنچتے پہنچتے شام ہو گئی۔ ۷ بجے بھوپال آیا۔ یہاں میرے ایک عزیز اپنی عنایت سے بہت مرغن کھانا لائے۔ کھانا اپنی رکابیوں میں اُلٹ ان کی پلیٹیں ان کے حوالہ کیں۔ بھوپال سے نکلنے کے بعد خیال آیا کہ کھانا کھا کر اب لوٹ مار اور چوبیس پچیس گھنٹے کے جاگے ہوئے ہو کہیں ایسا نہ ہو کہ بیمار پڑ جاؤ۔ کھانا کھایا عشاء کی نماز پڑھی۔ کھڑکیاں چڑھائیں دروازوں کے کھٹکے لگائے روشنی گل کی۔ کمبل تانا اور اپنے آپ کو

نیند ڈالا۔ نیند توراہ دیکھ ہی رہی تھی جھٹ آنکھ لگ گئی۔ خدا معلوم وہ کونسی جگہ تھی اور کیا وقت تھا کہ ایک دروازہ کی کھڑکی پٹ سے گری اور اس آواز کے ساتھ ہی میری آنکھ کھل گئی۔ کیا دیکھتا ہوں کہ کھڑکی میں سے کالے دستانے پہنا ہوا ایک ہاتھ نکلا۔ ساتھ ہی آہستہ آہستہ دروازہ کھلا اور ایک صاحب سیاہ اور کوٹ پہنے۔ نقاب منہ پر ڈالے، ایک پستول ہاتھ میں لئے اندر تشریف لائے اندر آکر انہوں نے بجلی تو نہیں کھولی۔ ہاں ان کے دوسرے ہاتھ میں جو چھوٹی سی بیٹری تھی اس کو روشن کیا۔ مگر روشنی کا رُخ نیچے کی طرف رکھا اور نہایت متانت سے کہا کہ "اُٹھئے" میں اُٹھ بیٹھا کہنے لگے۔ "لاؤ، تمہارے پاس کیا ہے۔" میں نے کہا "تین روپئے، چھ آنہ نو پائی اور دِلّی کا ٹکٹ" کہنے لگا۔ "مذاق کرتے ہو۔" میں نے کہا "جناب والا! ایسی حالت میں کوئی بھلا آدمی مذاق کر سکتا ہے" مگر نہ معلوم یہ کیا بات تھی کہ باوجود ایسا نازک موقع ہونے کے ان حضرت کا اثر مجھ پر کچھ زیادہ نہیں ہوا۔ یہ ضرور ہے کہ پستول ایک خطرناک چیز ہے مگر جب یہ یقین ہو جائے کہ یہ کسی پلپلے آدمی کے ہاتھ میں ہے تو پھر اس کا ڈر ورکچھ نہیں رہتا۔ میں اسی ادھیڑ بن میں تھا کہ انہوں نے پھر ذرا اونچی آواز میں کہا کہ "نکالتے ہو یا نہیں۔" میں نے کہا۔ "بہت اچھا۔ نکالتا ہوں۔" یہ کہہ کر میں ذرا جھکا۔ بنچ کے نیچے میرا کالا پمپ شو پڑا تھا۔ وہ میں نے اُٹھایا اور ایک دفعہ ہی زور سے کہا کہ۔ "ہیں یہ دروازہ میں کون ہے۔" میری اس آواز پر انہوں نے دروازہ کی طرف دیکھا میں نے پمپ شو کے پچھلے حصہ کو مٹھی میں دبا اور اس کی نوک سامنے کر کے کہا۔ "رکھ دو پستول۔ نہیں تو گولی ماردوں گا۔" اب جو وہ میری طرف مڑ کر دیکھتے ہیں تو ایک زبردست پستول ان کے سینے کی طرف ہے۔ بیٹری کی

روشنی نیچے پڑرہی تھی اس لئے وہ میرے پستول کی ماہئیت کو نہ سمجھ سکے۔ آہستہ سے اپنا پستول میرے سامنے والے بنچ پر ڈال دیا بیٹری نیچے پھینک دی اور دونوں ہاتھ اونچے کر کے کھڑے ہو گئے۔ میں نے بنچ پر سے ان کا پستول اُٹھایا۔ اُٹھ کر بجلی کا بٹن دبایا۔ اس وقت ان کو معلوم ہوا کہ ان کے پستول سے زیادہ میرا جوتا بکار آمد ثابت ہوا۔ میں نے بہت ڈانٹ کر کہا۔ "سامنے بنچ پر بیٹھ جاؤ۔" وہ حضرت یا تو اس زوروں سے آئے تھے

یا تھر تھر کانپنے لگے اور بنچ پر بیٹھ گئے۔ میں نے اُٹھ کر چاہا کہ خطرہ کی زنجیر کھینچوں کہ انہوں نے رونا شروع کیا اور کہا کہ "خدا کے لئے زنجیر نہ کھینچئے۔ میں گاڑی سے کود کر جان دیدوں گی۔" ہیں! جان دیدوں گی' ایں چہ معنی دارد میں نے کہا کہ "تم ہو کون" انہوں نے کہا۔ "عورت" میں نے کہا "نام" کہا "راسخہ" میں نے کہا سبحان اللہ۔ آپ کو دیکھئے اور آپ کے کرتوتوں کو دیکھئے اللہ کی بندی تجھے گھر میں بہو بیٹی بن کر بیٹھنا تھا یا اس طرح ڈاکے ڈالتے پھرنا۔ کہنے لگی۔ "مصیبت سب کچھ کراتی ہے اور رفتار زمانہ سب کچھ سکھاتی ہے۔" میں نے کہا۔ "نقاب اُتارو۔" کہنے لگی۔ "نہیں" میں نے کہا۔ "نہیں ؟ تو اچھا میں زنجیر کھینچتا ہوں۔" آخر ناچار ہو کر بیچاری نے نقاب اُٹھائی خاصی اچھی شکل کی جوان عورت تھی مگر آنکھوں کے نیچے کی کالی کالی لکیریں بتا رہی تھیں کہ مصیبت زدہ ہے۔ بڑی دیر تک ہم ایک دوسرے کو دیکھتے رہے معلوم ہوتا ہے کہ وہ میرا تیور دیکھ کر سمجھ گئی کہ میرا ارادہ اس کو پولیس کے حوالہ کرنے کا نہیں ہے کیونکہ وہ ایک دفعہ ہی کھڑی ہو گئی اور کہا کہ "خدا حافظ" میں نے پستول کا رُخ اس کی طرف کر کے کہا کہ "بیٹھ جاؤ" اس نے ایک

قہقہہ مارا اور کہا کہ پہلے پستول کو تو دیکھ لیجئے کہ یہ چلتا بھی ہے یا نہیں۔ آپ نے جوتے کے پستول سے لکڑی کا پستول چھین کر کوئی بڑا کمال نہیں کیا۔"اب جو میں نے غور سے پستول کو یکھا تو واقعی لکڑی کا ٹکڑا تھا گو شکل وصورت میں عین پستول تھا میں نے کہا۔" کچھ حرج نہیں۔ پستول کام دے یا نہ دے۔ میرے ہاتھ پاؤں تو کام دیتے ہیں اب بیٹھتی ہے یا میں اُٹھوں۔" یہ سن کر وہ بیٹھ گئی اور کہنے لگی۔" آخر اس سے آپ کا مطلب۔ "میں نے کہا کہ"میں تمہاری داستان سننا چاہتا ہوں۔ "پوچھا" یہ کیوں۔ "میں نے کہا۔" مضمون لکھنے کو۔" کہنے لگی۔"تو، اچھا آپ مضمون نگار ہیں اور آپ کا اسم شریف۔"میں نے کہا۔" فرحت اللہ بیگ۔' کہنے لگی۔"اوہو، آپ ہی مرزا صاحب ہیں آداب عرض کرتی ہوں۔ آپ کے مضمون پڑھتی تھی۔ آپ کو دیکھنے کا شوق تھا چلو وہ بھی اللہ نے پورا کر دیا۔ اجی مرزا صاحب میں کیا بتاوں کہ میں کون ہوں۔ ایک مصیبت زدہ عورت ہوں۔ ایف۔ اے تک تعلیم پائی ہے۔ چھوٹی عمر میں شادی ہوئی۔ دو ہی برس کے بعد وہ مر گئے۔ سسرال والوں نے ان کے مرنے کا سبب مجھ کو ٹھہرایا۔ الزام یہ تھا کہ میں سسرال والوں پر بھاری ہوئی کہ ایک ہی سال میں ایک چھوڑ چار کو کھا گئی۔ میکہ میں آکر رہی وہاں سوتیلے بھائیوں نے ٹکنے نہ دیا۔ آخر ایک بھلے آدمی سے نکاح کر لیا۔ وہ اللہ کے فضل سے ڈاکو نکلے۔ دن کو گھر میں رہتے اور رات کو خدا معلوم کہاں کہاں جا کر ڈاکہ ڈالتے۔ مجھے بچپن ہی سے ڈاکوؤں اور سراغ رسانوں کے قصے پڑھنے کا شوق تھا۔ میں ان کے سر ہو گئی کہ مجھے بھی ساتھ لے چلا کرو۔ پہلے تو وہ"نہیں۔ نہیں" کرتے رہے لیکن بعد میں راضی ہو گئے اور اس طرح تھوڑے ہی دنوں میں مجھے گھوڑے کی سواری بھی آگئی

اور چلتی ریل میں چڑھنے اُترنے کی مشق بھی ہو گئی۔ ابھی ڈیڑھ سال کی بات ہے کہ تبارک پور کے گاؤں والوں نے ان کو گھیر لیا اور گولی مار کر شہید کر دیا۔" میں نے کہا۔ "شہید کر دیا کی بھی بہت ہوئی یہ کیوں نہیں کہتی جہنم واصل کر دیا۔" کہنے لگی۔ "مرزا صاحب دیکھئے خدا کے لئے ایسی باتیں نہ کیجئے۔ میں سب کچھ برداشت کر سکتی ہوں، مگر ان کے متعلق اگر آپ نے کوئی بُرا لفظ زبان سے نکالا تو اچھا نہ ہو گا۔ "تو بیگم صاحبہ آپ چاہتی ہیں کہ میں ایک ڈاکو کی تعریف کروں۔ کہنے لگی۔ "ساری دُنیا ڈاکو ہے کوئی اپنی عقل سے دُنیا کو لوٹتا ہے۔ کوئی اپنے ہاتھ پاؤں کے زور سے۔ ایک کی آپ تعریف کرتے ہیں اور دوسرے کی مذمت۔ ورنہ ہیں دونوں ڈاکو۔"

میں نے کہا۔ "اللہ رے تیری منطق۔ اچھا اس جھگڑے کو تو چھوڑو اور اپنا قصہ ختم کرو۔" کہنے لگی۔ "اس کے بعد اب قصہ میں رہ ہی کیا گیا ہے۔ ان کے مرنے کے بعد سال بھر تک تو اپنی جمع پونجی پر گذارہ کرتی رہی۔ جب وہ ختم ہو گئی تو میں نے اِکّادُکّا مسافروں کو لوٹنا شروع کیا۔ چنانچہ خوش قسمتی سے آج آپ سے نیاز حاصل ہو گیا۔ اچھا اب اجازت ہے۔ میں نے کہا۔ "راسخہ! بڑے افسوس کی بات ہے کہ تم شریف اور تعلیم یافتہ ہو کر اپنی ڈاکہ زنی پر فخر کرتی ہو۔" کہنے لگی۔ "اجی مرزا صاحب! مثل مشہور ہے کہ بھوکے شریف اور پیٹ بھرے رزیل سے ڈرنا چاہئے مگر میں کہتی ہوں کہ یہ دونوں ایسے خطرناک نہیں ہوتے جتنے بگڑے ہوئے تعلیم یافتہ شریف۔ یقین مانیئے کہ اگر ان لوگوں میں ذرا سی ہمت کا اضافہ ہو جائے تو یہ دُنیا کو ہلا دیں۔ وہ تو کہو کہ خدا نے گنجے کو ناخن ہی نہیں دیئے۔ ورنہ کھجا کھجا کر خدا معلوم اپنا کیا حال کر لیتا۔ آپ فرماتے ہیں کہ یہ پیشہ چھوڑ دو۔ میں کہتی ہوں کہ لو۔ میں آج

ہی چھوڑے دیتی ہوں۔ مگر میرے کھانے پینے کا تو بندوبست کر دو۔" میں نے کہا۔ "پھر کسی سے نکاح کرلو۔" کہنے لگی۔ "کس سے! آپ سے۔" میں نے کہا۔ "مجھ سے نکاح کرنا کچھ آسان کام نہیں ہے۔ میری بیوی پکی مغلانی ہے۔ میں نے تو تا پستول کا کام لیا تھا مگر وہ چپل سے اُسترے کا کام لے گی۔" یہ سن کر اس نے ایک قہقہہ مارا اور کہا۔ "مرزا صاحب! آپ کی باتوں میں آج مزا آگیا۔ ہاں۔ لایئے سیدھے ہاتھ سے اب کچھ دلوایئے۔ خدا کی قسم میرے پاس کھانے کو ایک پیسہ نہیں ہے کل سے بھوکی ہوں۔" میں نے بٹوہ کھول اس کے سامنے کر دیا۔ بٹوہ میں کئی نوٹ تھے۔ مگر اس اللہ کی بندی نے صرف دو روپیہ نکال لئے اور کہا۔ "شکریہ۔ چلو چلتے چلتے آپ پر بھی ہاتھ صاف کر ہی دیا۔ اچھا فی امان اللہ۔" یہ کہہ کر دروازہ کھول ریل سے اس طرح نیچے اُتر گئی کہ کوئی گارڈ بھی کیا اُترے گا۔ چلتے چلتے اپنی بیٹری اور پستول بھی اُٹھا کر لے گئی۔ میں سوچتا تھا کہ بارِ الٰہ۔ جب شریف زادیاں اس طرح ڈاکہ ڈالنے پر اُتر آئی ہیں تو یہ دُنیا کیا رنگ پکڑنے والی ہے۔ گھبرا کر بنچ سے اُٹھا۔ کیا دیکھتا ہوں کہ دروازہ کا کھٹکا اندر سے لگا ہوا ہے۔ سمجھ میں نہیں آیا کہ ہو نہ ہو یہ سب کچھ تیرے ۲۴ گھنٹے تک جاگنے۔ ثقیل غذا کھانے اور سخت بنچ پر پڑے رہنے کا نتیجہ ہے۔ ورنہ شریف زادیاں تو شریف زادیاں ہی ہوتی ہیں ان کو بھلا ایسے کاموں سے کیا واسطہ۔ لیکن یہ سمجھ میں نہیں آیا کہ میرے بٹوہ میں سے دو روپئے کیوں کم ہو گئے۔

***